Савремена проза ´99.

Градимир Ј. Московљевић

ЦИРКУС

ПРОСВЕТА

"Има много ствари на небу и земљи
О којима ваша мудрост и не сања,
Мој Хорацио. "

ХАМЛЕТ, Шекспир

JA

Једна цурица је остала сама те ноћи, и да није било тако, прича не би могла да буде испричана. Како песници кажу: звезде би остале недоступно на небу, све док их пред зору месец не би отерао у ружичасто пространство. Овако, пошто су њени родитељи морали да иду у циркус, где су радили, она је (а имала је тринаест година) досађујући се зурила кроз прозор, који је био окренут према башти где су расли љиљани и руже, једна расцветала бресква (био је мај, и славуји су излетали из жбуња водећи љубавне двобоје), три брезе, што разносе ветрове, дрво киви и једна смоква, који никако нису успевали да сазру. Оно што ће се догодити изненада, а узроковано је ко зна каквом случајношћу, навешће је да бележи своје утиске у свеску, и то ће касније постати део њеног живота.

Да ли ћу и ја некада остарити као одрасли, питала се, а била је уверена да се тако нешто њој неће никада догодити. Ја неђу умрети и све ће око мене заувек остати исто. И сунце, мириси, песме, сребрнаста јутарња роса или киша, све ће потрајати колико и сан, који нећу престати да сањам. Тако је шапутала себи у ухо, умела је то, јер је прочитала књигу што се тих година налазила на бескрајним полицама њеног детињства.

Она ће доручковати кајгану са милерамом, а бела кафа ће имати стари добар укус (иако деци није дозвољено да пију кафу) и мирис који омамљује млеко и чини га тако неодољивим. И земичка ће бити она права, што се топи у устима, и данас, и јуче, и сутра.

Заиста, шта је то смрт, упитала се у некој слаткој недоумици: трепет звона над црквом, шумни акорди оргуља, романтичне свеће и мистично осећање. Тајанство које има свој одраз у души, а које одрасли не виде. Зато и умиру, јер не постоји други разлог. Деца продиру кроз око стварности у свет илузије, који је лепши, јер одражава само жеље, а не и забране.

Дакле, девојчица се уобичајено забављала маштањем о нечему, што постоји - не постоји и, мало - по мало, размицала завесе тајни. Иза свега, у дубини дијамантског сна, она је видела будућност. Отац је то називао адолесцентним дневним сном, а мајка узалудном надом шипарице. Она то није разумела, и утолико је била срећнија. И они толико ствари не знају, мислила је, као да нису били деца. Баба је рекла да ће се сетити када сасвим остаре. Долазећа смрт тера људе да убрзано скупљају успомене из младости како би их понели на онај свет. Тамо, где ће поново постати млади, раније догађаје неће поново доживљавати уколико их не буду однели са собом. То је разлог због којег деца не умиру. Дете је потпуно у успомени, стога оно и нема шта да скупља и носи тамо.

Добро, посумњала је, а шта се догодило са Аном, коју је неки возач усмртио прошлог месеца испред њене куће. Истрчала је на улицу са школском торбом на рамену, уверена да ће дивно провести тај дан, и идуће дане свакако, а онда је наишло то. Свештеник је касније рекао (подразумева се, али?) да је сада њена душа на небу. Зашто није поменуо тело, које деца осећају потпуније него стари, то бледуњаво Анино лице (и хладне руке) што вири из ковчега? Зашто ништа није рекао о астралном телу, тамо иза ових хоризоната? Вероватно ни он не зна, јер је одрастао, а одрасли посматрају ствари само са њихове спољне стране. И не опажају суштину која зрачи из помисли. Њима смета чулна слика света, у томе је одговор. А ја у огледалу видим јуче, данас и сутра, и свако друго лице на које помислим. Моја покретна слика није сметња, јер видим кроз њу, будући да смо ја и огледало једно. Ана ми је дошапнула да је тамо, где се налази, лепше него овде. Тамо никада ниси сама, јер се

7

искреније дружиш са својим мислима, и то сасвим слободно, руку под руку, као када смо се некада с вечери шетале по парку. Немушти језик разумљив је као наш, и мириси којима биљке говоре. Ана је била срећна и чудила се због чега њени родитељи толико пате, и узнемиравају је напрестаним позивима да се врати. Ни за шта на свету, и да је то могуће, она се не би вратила. Горе је очаравајуће, и свуда су бескрајна светлосна поља, како ми је Ана рекла. Али, ко ће маторе убедити у то?

И тако понесена Аниним психојављањем (зовем се Ника, да би читаоцу било јасније, а то потиче од: никада, нико, празнине мада може значити и све), Ника је сањарила уживо, припремајући се да себи исприча нову причу о томе (радила је то увек када није имала никаквих обавеза), па није одмах приметила како се нагло отвара прозор њене собе. Угледала је велику главу и два буљава ока, тек када су били унутра и испунили је ужасом. „Шта?" узвикнула је, а то страно створење личило је на Кинговог кловна (боже, и то његово име; као Кинг-Конг), једино што је било крупније. Огромна нека људескара, какви само могу бити незнанци када се изненада појаве. Видела је то по моћним обрисима рамена која су се успињала над прозорским симсом. То чудно биће, међутим, имало је забринут и озбиљан, а не опак израз лица. Ника се повуче ка зиду, и тада зачу: „Ватра!" и осети загушљиви мирис дима. Иза улазећег човека појавили су се колутови ружичастог пламена, мада су у ноћи то могли да буду и одсеви авиона, који су непрекидно узлетали и слетали са ближњег аеродрома.

„Пожар!" поновио је узбуђено човек и закорачио у собу.

Стан се налазио на четвртом спрату, и она у магновењу помисли како се незвани посетилац успентрао до прозора, што је било невероватно. Ти си сан - покушала је да отклони из видокруга ову паклену прилику, и мада је зажмурила, осетила је ипак његове руке око свог паса, а већ следећег тренутка, како стреловито слећу дугим вертикалним ходником ка земљи.

Одрасли знају да буду патетично сујетни, ако учине нешто успешно, иако ту особину стално приписују деци (као: на пример сујетан као шипарица, адолесцентни понос, итд...) Оно велико створење (био је то ватрогасац) хвалило се доле пред окупљеним људима, увећавајући опасности, које можда и нису постојале. Она је могла и сама да се спусти низ олук који је пролазио баш поред њеног прозора. А оно што је могло да се уради на други начин, умањује први, и од самохероја прави будалу. Уз све то, он ме је преплашио више од ватре. „Неваспитана и незахвална!" биле су узнемирујуће речи које су изрекли. То дериште је шашаво", казао

„је ватрогасац, „и ја не разумем зашто су је родитељи оставили саму".

Ватру су убрзо угасили и ја сам се вратила у собу. Међутим, ово вече као увод приче за Нику је пропало, како је сама себи признала.

Угасила је светло и упалила свећу, јер иза њених бледих одсенака умела је да види другу неку светлост, и у њој себе. Некад је то био сјајнобели, блистав и јасан као дан анђео, којег бих извукла из ко зна каквог сећања. Седео је једном у башти и говорио са Аном, баш као што ја сада овде седим и зурим у свећу. Када је долазио, доносио је ствари које су се касније дешавале. Просто, мада ми то и није било потпуно јасно.

Ника је видела оно што обично људи зову пределима иза проширене свести. Она је предосећала будућност.

Ту одмах испод прозора, мало даље додуше, јер до улице има добрих десетак метара, управо је пролазила нека бучна група хулигана. Чула је да говоре о рату, прегласно, како би се охрабрили. Претили су некима, које ће сутра, како су викали, поклати и спалити њихове куће. Зашто је свет тако зао? То је већ видела из анђелових визија, и он је, док су се помаљала згаришта са унакаженим лешевима, био тужан. Рекао је: „То вас прочишћава на известан начин, иако тога ви нисте свесни." Упитала је: „Значи ли да ми немамо избор, одрасли немају избор?" „Да, узвратио је, то је у вашој природи." (Није рекао: у природи одраслих. Нисам га разумела, и нисам волела што тако говори, а морала сам да му верујем.)

Ево и других, и они вичу, али њихове речи нису безумне. Причали су о демократији и како прво треба овде уредити демократско питање, док ће се национално решити само од себе. Анђео је рекао да нису у праву.

Шта је то демократија? Узела сам речник (наравно, Вујаклијин) и тамо је писало да је то владање народа. Дакле, народ ће владати над председником и министрима, или над краљем. Замислила је ове као сужње, које у затвору чува народ. Да ли ће тако нестати одједном сви проблеми; очај, сумња и страх?

Кроз Нику је све пролазило, и мимо ње, нетрагом, а она је и даље била сама. Не, рекла је толико тога је у мени, милијарде гласова чујем, кад зажелим, јер и сувише је разгранато дрво моје самоће.

Озбиљан спикер са радија, синтетички глас Паје Патка: „Ми нисмо у рату. Стране трупе и њихови плаћеници дивљачки туку голоруки народ. Наше одбрамбене јединице се приближавају Вуковару, и непријатељ панично одступа."

То су одјеци, и Ника не зна због чега их слуша. Можда зато што се смењују са њеним омиљеним мелодијама. Тако те натерају, као и рекламе, хоп, и ти си у њиховом лисичјем загрљају.

„Опозиционе партије издајнички демонстрирају испред Радио-телевизије Србије и Министарства рата, а ми нисмо у рату. Објективност наших медија је позната у свету. Ми смо за праведан мир у коме ће свако живети на вековним огњиштима. Управо је пао Бели Манастир, усташки изроди су напустили домове у Костајници, у безглавом бекству ..."

Онда Има Сумак и „Кондоров лет". Васионско цик у омамљивом бескрају. Крила сенке над Андима и сребрнасти зрак што јури ка звездама. Хари Белафонте, дрхтави баритон под крошњама банана.

„Управо су наши борци ушли у Бели Самостан..." Каже се „Манастир", или је грешка намерна. Окреће дугме, сада је ред на повампирене „Битлсе", које не воли. Можда ће напипати „Реку Вавилон", онај хук арије који потапа ритам, али: „Изнимно, наши храбри часници из стратјешких разлога мијењају положај. Четничка гамад..." Коначно „Ријека Вавилон" и нежноплави мир у оку.

Дрека демонстраната у центру допире довде. Или је то индијанска пошта, међу путовање звука снагом гомиле распоређене дуж кеја све до Земуна. Пароле, претње, дозивања, затим грмљавина тенкова, тутањ хеликоптера над крововима кућа, и најзад-толико жељена тишина.

Гаси се звездана мајска ноћ као да није ни постојала. Неко је притиснуо дугме, (да ли она), и слика се променила. Слушам Дилена и преда мном је таласава прерија, сунце, покличи каубоја, непрегледна крда бизона којих уистину више и нема, усеци кањона Колорада и путовање симулираним екраном, бришући лет сокола, све брже, неизвесније, незаустављиво.

А када потом заспим, они се неће вратити, ни у сну, ни тамо куда лутам сама. Била је горе у свом астралном свету, где је постојало само оно што она замисли, где никоме није сметала, где јој нико није сметао. Слободна!

* * *

МОЈИ РОДИТЕЉИ

Мајка је била уметник на трапезу, над мрежом уврх шатре или над чистим понором тла, када се гледа доле у срце ништавила. То је био њен измишљен живот, док се изван циркуса понашала плашљиво и питомо. Када ју је сусед једаред замолио да му поправи ТВ-антену на крову, умало се није онесвестила од страха. „Зар ја", упитала је, „а ви сте неки мушкарац." Човек је у чуду одмахнуо главом, јер очито није знао да чар илузије престаје у обичној стварности. Он је мајку видео тамо у букету светлости, пред масом егзалтираних људи, како лети као небеска птица. Али није знао да је сваки уметник Нарцис, који изван свог кладенца не постоји.

Отац је радио као мађионичар, варао људе опсенама које су они прижељкивали, иако у њих нису веровали. Могао је лако да нестане у лавиринту посматрачевог очекивања, да упали бакљу о којој су остали само сањарили, остварујући оне тајне пометње које су они имали, али се никада нису осмелили да им се препусте. А у суштини (очеве речи), величина сваке обмане је у њеној очигледности. Ако некоме покажеш разголићену лаж, његова лаковерност увећава твоју вештину, јер он се нада, а не верује. Мађионичар Феникс из пепела наде рађа веру. Дејвид Коперфилд је окамењену статуу слободе испред обећаног града Њујорка у једном трену пренео у другу димензију. И непогрешиве камере и варљиве људске очи били су немоћни. Али, иза кулиса, у недрима даноноћне стварности, у кревету, тоалету, кухињи, он није могао да задржи прелепу вереницу. Као свуда, и у љубави трансценденс постоји само на почетку. Како би рекао Мариво, илузија брака је увек краћа него илузија прељубе. Сваки трик је чудо које отвара врата детињства. Гледаоци у циркусу најбољи су људи на свету, зато што су тамо они деца. „То је немогуће", кажу одрасли. "Али, видео сам." Каже у њему дете. Јер, циркус је наставак изгубљеног детињства, када је све било могуће.

Отац је вадио плишаног зеца из шешира, обоје унутрашњост и форма једно другоме, дом и станар, тако да је било лако претворити их час у др Џекила, а час у г. Хајда. Обична дечја игра која би, мимо циркуских рефлектора и заноса оних који су платили улазнице да виде невиђено, била одмах уочена и исмејана. Стварност је у нашем уму, а не у нашим очима (опет очеве речи) и ко шта тражи, тако ће му се и дати.

Ја сам мислила да људи одлазе у циркус, како би визуелизовали своје наде и заборавили на разочарења. „Свакако," потврдио је отац, „али видећеш, има времена, циркус је исто толико у нама, као и свуда око нас."

Код куће отац беше сушта супротност оном елегантном господину, што маше лепезом шпила карата повезаних безбојним свиленим нитима, или плеше у ваздуху по транспарентном Аладиновом ћилиму.

Волео је да припрема сочне кобасице са доста алеве паприке и белог лука, од којих су ме сатима после болели глава и стомак. Пекао је неки хлеб, црн као зифт, неукусан и тежак, и стално говорио да је то оно право, иако сам га ја презирала, подједнако као и заљућене кобасице. То су само исечци, мале разлике, које су нашу нетрпељивост доводиле до савршенства.

Ипак, имао је и једну добру особину - није зановетао поукама и грдњама као мајка.

Отац је био ћутљив (професионална особина, јер је сатима, сам у тишини, увежбавао своје трикове), одсутног погледа. Можда је то била и нека унутрашња концентрација, његова тајанствена веза са свемиром, мада се мени чинило да он тако уобличава сопствене сумње у ништавност свега, па и судбине. Ја сам покушавала да пратим тај његов поглед, и видела сам многе узбуђујуће и обећавајуће ствари. Нажалост, мислим да он сам није видео ништа од тога. Ипак, била сам му захвална, што ме је остављао на миру, као ствар коју не примећује. Једном се спотакао о мене, није опазио ни да сам ту, да постојим.

Заиста, на Нику, изузев мајке у негативном смислу, нису много обраћали пажњу, и то је уопште одлика родитеља, поред оне да се посесивно понашају према деци. Та апсурдна игра у којој су деца занимљиво или незанимљиво средство забаве, играчке за одрасле, понекад се, претвара у своју супротност: дете је једноставно постало украсна лутка. Као нужност, која баш и није била неопходна.

Док се нисам навикла, то ме је погађало, љутило и доводило до бесмислене раздражљивости, јер коме ћу нешто значити, ко ће ме волети, ако не они? (Могло је то да буде и усамљено Никино ламентирање над својом безначајношћу, у годинама у којима је она хтела да верује како је незаобилазна и незамењива. Њена је несрећа да то нико није умео да види.) Касније сам све то прихватила као тако. Они су живели у једном свету који ја нисам ни разумела, ни желела, а ја у свом, у који они нису ни желели ни могли да уђу. То је имало многоструке дражи. Зар није мудра пословица упозоравала да ће кристалне вазе бити безбедније ако их

17

обавијају танане паукове нити, него ако међу њих ступи неопрезни слон?

Отац и мајка су имали пријатеље, а ови своју децу, само, ја сам их избегавала. „Чудно неко дете", рекла би мајка,што мени није нимало сметало. Знала сам да ће та друга деца да порасту, и да ће постати као и они, али не и ја. (Никин свет био је посве различит и одигравао се у њеном сопственом филму који је она сама снимала, и била једини глумац, у оној мери колико је хтела.) Посматрала сам одрасле са извесном зачуђеношћу; зашто се они уопште умножавају, и себе окивају децом и непотребним обавезама? Како то није зависило од мене, ја сам прихватила живот у таквом ЗОО-врту, али на одстојању и у безбедности кавеза који сам сама створила око себе.

Једном је отац, вероватно исхитрено, неки блесак интуиције у њему, или ко зна због чега, рекао мајци: „Требало би да имамо још једно дете." Мајка се најежила од гнева и љутито му одбрусила: „Шта? Зар и она оваква није и сувише за нас!" Отац се одмах повукао и климнуо главом са одобравањем. Тако се и та неочекивана искра у њему угасила, и он се поново вратио к себи, и својој одсутности. Мене је, међутим, таква могућност била уплашила. Имати неког другог стално крај себе, неко мало чудовиште налик на родитеље, значило је да ћу можда заувек изгубити своју слободу. А дете мора бити само, како би сачувало свој имагинарни свет од стварносних загађења.

Никини родитељи одлазили су сваки дан у циркус да би вежбали, а ноћу су излазили пред публику. И тако годинама. На моју срећу, изгледало је да ће то потрајати вечито, будући да су они одскора добили стални посао у градском циркусу. Међутим, иронијом судбине, када је циркус кренуо на турнеју, догодиће се сасвим необична ствар.

* * *

ПУТОВАЊА

Циркуски караван је путовао ноћу, а дању би се логорило на некој пољани, најчешће крај реке, да би повремено могли да оперу животиње, кавезе и своју одећу. Велика породица би заложила логорску ватру, на којој су пекли месо, а у жару и пепелу под сачем, хлеб. Испочетка су то били дани номадске опуштености и топлине. Раздрагана вриска деце, нешто умеренија граја одраслих, пецање, лов и узбудљиве приче до дубоко у ноћ, када сам на небу у месецу видела Бога, озбиљног старца са брадом, док сам звезде замишљала као децу, светлосне анђеле који круже над пасторалним брежуљкастим пределима. У шумама сам гледала вилинска кола, а по вировима и мртвајама, испод густо наднетих врба над водом, златнољубичасте русалке и вилењаке како им се удварају. Једном сам срела маленог гнома, испод напуштеног рударског окна, који је, љутит што га елементали нису упозорили на присуство човековог детета, опсовао нешто ружно и нестао у земљи.

Пролазили смо и поред древних могила, када је караван ишао пречицом, избегавајући главне путеве, над којима су стајали исклесани монолити са неразумљивим цртежима и знаковима. Циганин, гонич и чувар животиња, рекао ми је да се испод тих гробова скрива опљачкано благо, али није умео да ми објасни ко му је то рекао, и зашто разбојници нису однели благо, него су га оставили мртвима, којима оно ионако не треба. „Благо се мора укопати на неком пустом месту. Такав је обичај. Оно је опасно као куга и, ако се појави на светлости, његов сјај убија људе. Оно је добро само када га немаш." Циганин је очигледно био мудар и права је штета што је одрастао, мада су стари говорили да су Цигани мало ударени, јер се понашају као деца. Можда сам се и због тога чешће дружила са нашим гоничем.

Приче о злату биле су више ритуална маштања него стварно очекивање да се нешто нађе, па сам по томе закључила да је Циганин у праву. Одрасли причају о опасностима страствено их прижељкујући, али у свом сну, за који знају да је неостварљив. Мој сан је, напротив, била стварност, иначе никада не бих сањала.

По успутним варошицама изазивали смо радозналост људи и деце, а по вашарима и саборима били изложени увредљивим досеткама локалних мангупа, али и њиховим глупим маштањима, да неког примимо у трупу и одведемо у пустоловни свет, јер су веровали да их ми стално доживљавамо. Не знам зашто, али људи су непрестано мислили да је живот других људи бољи и занимљивији. Узалудности и завист били су оквир свих њихових надања. Ипак, на планинама смо сретали усамљене чобане који нису желели да мењају свој живот и навике. Они су ме подсетили на бића из мојих снова.

У селима безуспешно су сељаци покушавали да нас преваре. Мени је било смешно када неки ћилкош хоће да се карта са мојим оцем, или покушава да имитира гутача пламена, па после урла да је покраден, опеченог језика и сузних очију. Најчуднији су били сељаци стрелци. Дођу до шатре, где се гађају покретне мете, обично код својих земљака познати као добри ловци, и онда потроше силне паре, а да никако не опазе у дну постоља скривену руку која погодак, изузев првог који је служио за навлачење наивних, чини немогућим.

„То је превара," рекла сам Циганину, а он се заценио од смеха. „Ех, наивчино, ако ти не превариш њега, он ће тебе. Тако ти је то у животу. Шта мислиш, да ја нешто пустим ово звериње из кавеза, и они крену на тебе, а ти имаш пушку у рукама, да ли би пуцала?"

Био је то добар разлог да се оправда свака превара.

У овом периоду Ника се чешће среће са родитељима. Смета јој боравак у омеђеном простору кампа, међу толиким људима, и у скученој соби приколице, са оцем и мајком. Покушава да се издвоји, али то јој не успева, јер куда год да пође, среће позната лица. Мали простор, у коме све ври као у кошници, стеже је и гуши, иако се она грчевито бори да остане слободна и сама.

Иза сваког угла је неко кога познајем. Исте речи слушам од јутра до мрака, и унапред знам шта ће се догодити. Непрестани послови наликују једни на друге као близанци, људи-мрави трчкарају уоколо без разлога, плесачице хистерично подврискују, и јека њихових гласова меша се са риком и завијањем животиња, кловнови се кревеље и скачу између шатора... Како да се отресем тог вулгарног присуства других?

Моји родитељи су ми стално над главом (то нас није нимало зближило), јер ни они немају где да се удаље. Мислим да је овакав живот потпуно откачен. Слушам циганске сваће, обично после вечере, када попију, и уколико то није због пијанства, бог би га знао због чега је. Најављивач пева пред сутон, испрва носталгично, а касније све монотоније и бесмисленије. Алергична сам на мирисе влажног веша који је свуда унаоколо. Тај мирис помешан са иструлелим воћем којим хране слона, увлачи се кроз поре у кожу, и онда се и сама осећам прљаво.

Узалудно покушавам да се некуда ишуњам, али сви путеви између приколица и шатри воде до главног шатора, где трапезисти стењу од напора, дресер животиња замахује бичем и урла, а верглаш увежбава неке изанђале мелодије за вечерњу представу. Осећам се као дух, и жудим да нађем своје скривено место и мир.

Вероватно је Ника у понашању тих људи из циркуса видела сизифовску тупост због узалудности увек истих напора, и наслутила да они, и не знајући, преносе пусту воду у данаидским врчевима. Нисам могла да одредим: да ли се то они играју живота или се живот поиграва са њима.

Од свега тога почели су да ми бледе сни. Посебно ме је ужасавао најављивач програма, који је громогласним будалаштинама позивао грађане у циркус. Зашто људи после таквих несувислости уопште долазе у циркус? Ника није могла да зна да је циркус свуда, али да је баш због тога људима потребан циркус. Ту су они налазили утеху ваљда пројектујући тако своју невредност: оно што је у шатору, све те глупости, није у мени, то нисам ја. Гледајући туђа блесав-љења, човек је склон да заборави сопствена.

Варошице кроз које пролази Ника памти магловито, не напушта свој затвор-свет ве-рујући да би се тада апсурд само увећао. Скитнице немају ни свој дом, ни домовину. Јер, изгледа да је циљ сваког путовања његово трајање. Питам се зашто трава расте; да је ждеру животиње, а после ми да једемо њих, да мирисом привлачи инсекте који ће бити весници њене оплодње, како би се одржавао магичан круг несврсисходног обнављања природе. Који је смисао свега тога?

Циркус зато и постоји да би показао бесмислену суштину трајања, те је излишно тражити неки смисао. Трајем - постојим, то би било то!

Једне мајске вечери, док су сви станари логора били заузети око припрема за представу, Ника се, ни сама не знајући како, нашла крај шатора за купање. Као и свака купаоница када је празна, и ова је деловала језиво. Тушеви онако усамљени изгледали су као скелети или модерне скулптуре од којих се мрачи свест, а са њих се ширио мемласто-киселкаст вољ зноја и сапуна. Из ништавила мокрих, углачаних подова вириле су ужлебљене рупе црних сливника, чије прљавштине нису могле да оперу ни све воде света. Падајући са таванице, сабласне капи повремено су ударале прозукли там-там.

Пришла сам шатору опрезно мада не знам због чега. Било је тихо. Неки отужни ђаво перверзности терао је Нику да уђе унутра. Било је одвратно то место, напросто грозно, а ипак сам, као омађијана, пришла замагљеном прозору. Деца никада не улазе на велика врата, јер су склона скривалицама и ухођењу. Старима то не пада на памет, па и нису свесни да их радознале очи, које све виде, свуда помно прате, а начуљене уши стално ослушкују. Полако сам покушала да обришем влагу са прозорског окна, али је оно било запрљано изнута. Пронашла сам једну раздеротину на платну, близу места одакле се чуо мени тако познати смех, и кроз њу угледах своју мајку, која као да је тек изашла испод туша. Била је нага и њена еластична кожа је поиграла у роси седефастих капљица воде. Млечни фотони шарали су по њеном телу бисерни калеиодоскоп. Ишла је ка свлачионици, не кораком, већ лебдећи над дашчастим тлом, и беше заиста неодољиво лепа. Када заустих да је зовнем (порив одушевљења због те слике), било би то први пут да је ја прва ословим, две се маљаве руке, дотад изван мог видокруга, као две змије, два пипка октопода, обмоташе око ње. Ника није могла другачије да види ту сцену. Анђео и звер, вероватно је помислила и занемела од страха, очекујући мајчин врисак. Али, ништа од тога. Зачула је мушки баритон како се обраћа њеној мајци. Нисам разумела шта јој говори од шуштања воде из туша који је остао отворен. Тада сам га угледала. Го, изгледао је као дивљак; маљаве груди и леђа, чворновати мишићи на рукама и ногама, полућелаво теме. Иако нисам видела лице, препознала сам гутача ватре. Стајао је поред мајке, а она ствар му се подигла увис и исукала као мач. Боже, колико је то било, или су сама ситуација и угао гледања допринели да Ника, препаднутом маштом, увелича виђено. Он дохвати мајку за рамена и окрете је испред себе. Она се пови, машући рукама, као да се спрема за скок са трапеза, када онај мач склизну испод њених бедара, међу бутине. Она јекну, и ја помислих да ће да је посече, али он, као да је то чуо, рече: „Не плаши се, када уђе, он је у суштини мек као душа."

Коначно сам схватила, иако сам нешто слично гледала да раде и животиње, да тај гутач ватре даје мојој мајци оно што је волела.

Када сам сутрадан питала мајку шта се то десило, она је побледела, успаничена као никад до тада. Занемела је гледајући ме раширених зеница, тако да се уплаших. Међутим, она некако одговори, сричући речи као да се дави: „То није, то, то, ти, ти ниси добро видела." „Јесам", рекох, "он је млатарао оним мачем по теби, у теби, а ти си дозивала неког свог бога."

Мајка се шакама ухвати за главу. Стајале смо неко време једна крај друге, без речи. Ја сам очекивала одговор, а она очито није знала шта да ми каже.

„Видиш", прибра се коначно, "тај гутач пламена уме добро да масира, као лекар, масер. А ја сам ушинула раме, па сам га замолила да ме..."

„Оним мачем?"

„Ма, не, рукама" (Мајка је била на ивици хистерије. Зашто одрасли када лажу чине то са толиким узбуђењем, и невешто?) „Сама си рекла да ме је држао за рамена."

„Јесте, али..."

„О чуда, па, ето, онај, овај мач, морао је негде да га стави, док ме масира."

То несувисло објашњење њој се учинило као спас, и ја сам га прихватила. „И знаш," додала је, а чинило се да ће заплакати, „немој то никоме да причаш, ни тати (увек га је раније називала оцем), нарочито не њему. Он ме је терао да идем код лекара, а ја сам, па била сам лења, а он не воли надрилекаре. То су они који лече, као овај гутач ватре, знаш."

И ја сам јој обећала, мада тада у томе нисам видела ништа важно, да би требало да буде наша тајна.

Овај догађај није зближио мене и мајку. Напротив. Осетила сам да ме избегава и да јој је непријатно у мом присуству. А када би се ту нашао и отац, она би нагло поцрвенела, гледајући ме крадом испод ока. Одрасли једноставно нису умели да сакрију своју беспомоћност и страхове, а њихова је срећа да за тај њихов недостатак знају само деца. И када је тако, мислила сам, ако ја не требам теби, нећеш недостајати ни ти мени. Зато сам и ја мајку избегавала, што је њој одговарало. Имала сам утисак да ми је због тога, на неки њен збуњено-хладан начин, била захвална.

Мени су у циркусу били најин-тересантнији кловн и патуљак. И један и други као да су дошли из ружног сна, у коме се дешавају ствари из наше подсвести. Ника је слутила тајну уметничке забаве, која је ослобађала психу. Човек животиња није се лако мирио са хомо сапиенсом, а кловн и патуљак својом скаредношћу били су створени да ова двојица постигну компромис. Мудрост у човеку ће их прихватити као симболе једне смешне, мало морбидније, али игре, док ће животиња у човеку то узети здраво за готово, као чисту стварност.

Гегави патуљак са великом главом и човек са два лица (тако су понекад звали кловна) и иначе су били стално заједно, као близанци. Бојала сам се за њих, јер су били некако слаби и беспомоћни, и изгледало је да их и најмањи поветарац може једноставно збрисати. Деца су уопште наивна и верују, па је таква била и Ника. Међутим...

Опазила сам их иза зверињака, крај камиона са храном. Чинило се да се свађају, што ме је изненадило. Кловн је измахивао својим слабашним рукама према патуљку, а овај је тресао великом главом. Направила сам полулук и пришла им са друге стране, тако да сам могла да чујем шта говоре.

Кловн: „Украо си из пазара више него што си пријавио, бедо мала!"

Патуљак: „Среће ми, нисам. Све што сам макнуо, поделили смо на пола."

Кловн: „Која твоја срећа, дегенерисани јарче. Враћај паре, или ћу..."

Неко је долазио ка њима, и они нагло ућуташе. Али је Ника научила још једну лекцију; одрасли једно причају, друго раде, а њихов изглед вара. Дознала сам да је зато овај свет тако несигуран. Лажи су ружне и зле, уколико се њима не објашњава или оживљава нешто непознато. Свако откривање новог има чар рађања. А деца лажима не варају, већ стварају бољи и лепши свет.

Јуче су отац и мајка отишли да гостују у другом циркусу, и ја сам остала сама. Играчица Данијела је замољена да се стара о мени, и наше краткотрајно дружење биће само наговештај догађаја који ће изменити мој дотадашњи живот. Ника није могла да зна да је управо дошао тренутак, који мудри називају судбинским раскршћем. Данијела је била само предодређени путоказ. Ника је то, наравно, предосетила, плаховитом интуицијом коју имају деца.

Већ прве вечери Данијела ми отворено рече да има састанак са љубавником. А ја, пошто патим од несанице, или месечарим, свеједно (како је то она сазнала?), треба да им чувам стражу. „Мој муж не воли те ствари. И ако случајно наиђе, мада верујем да неће, јер он има своје пудлице и коње, ти нас благовремено упозори." (Данијелин муж је иначе био дресер животиња.)

Њеног мужа ја нисам посебно волела. Он је ширио око себе нешто негативно; крупан човек као стена, злог погледа и стално намргођен. Није било чудно да су га се животиње бојале, и да га жена вара. Данијелин љубавник, жонглер на жици, био је његова супротност; насмејан, лепушкаст, сав у покрету. Тако је лепо знао да прича увече крај ватре, иако нисам баш разумела све оно што је говорио.

Да би се оправдала (потпуно без-разложно), Данијела ми рече: „То је зато што треба да буде тако. Прељуба је у природи човека, јер само животиња може да ради непрекидно исте ствари, и да јој то не досади. И ти ћеш, када одрастеш."

Одговорила сам јој да ја нећу никада да одрастем, а она се загонетно осмехнула: „Хоћеш. Свако то мора једном, иако касније жали због тога."

Тих дана Ника је чешће одлазила до циганске шатре да би, намерно или не, пркосила ранијим родитељским забранама да се виђа са Циганима.

Тамо је било све другачије него у осталом делу логора. Њу је највише привлачила номадска опуштеност, кад нико ни на кога није обраћао пажњу, а ипак су сви били целина. Делови су гравитирали по нахођењу, али је опште било свеприсутно.

Цигани погански верују у магије, вражбине и чаробњаштво, вероватно и отуда што су старе Циганке подсећале на вештице, са дугим опуштеним косама, танким телима и оштрим, скоро срдитим погледима. Осећај неке узнемирености, док сам седела у њиховом кругу, повлачио се због присне непосредности којом су ме примали. И због таласаве енергије која ме прожимала, сва ватра њиховог темперамента као да је прелазила на мене. Имала сам утисак да се они труде и дају је, драговољно и несебично. Мој пријатељ Циганин Петер напоменуо је да онај ко је видовит на тим седељкама појачава унутрашњу снагу духа и воље. И заиста, нешто сам назирала, али само када зажмурим. И чула сам у унутрашњем уху његов смех, будући да је оно у мени знало да ћу све заборавити када отворим очи. Осећала сам да је то одгонетка свих ствари, смисао, мада ништа о томе одређеније не умем да кажем. То је добовало унутар мог бића, и као васкрсавајући наговештај и као варка. Петер ми је рекао да то може бити и кушајући ђаво, и да га се клоним. "Окани се тајних ствари, јер оне се после враћају да наплате свој дуг." Тада нисам могла да претпоставим у којој мери ће ове речи бити пророчанске.

Ника је била на трагу, и њена су питања постала озбиљна. Почев од оних: зашто постоји циркус, зашто људи воле да гледају мучење животиња, њихово морбидно и неприродно дубљење на глави, усправно ходање, скаредно облачење мајмуна, тако да изгледају јадно, као незграпни патуљци. Можда су и зато гонили животиње буктињама, премда су се оне плашиле ватре више него људи?

Посматрајући реаговање публике изненада је добила одговор, али је морало да прође извесно време како би схватила да је то тачно. Јер Ника ту тајну људи није могла да доживи у свом сну, што ће је и те како коштати. Ко је уосталом тринаестогодишњу девојчицу могао благовремено на то да упозори?

Одрасли, нажалост, никако да схвате шта је неизвесност. Уместо да је прихвате као чежњу за изненађењима, што сваки следећи дан чини непоновљивим, они би да окују време и промене, и заробе их заувек. Како то да им кажем, а да схвате? Несташни ђаволак Фјут вреба иза угла, позовите га, али се скријте, да вас не опази! "Извесност је очигледна смрт, ако јој се предаш страшљиво, без отпора." Рекао ми је мудри скитница што се повремено хранио на циркуском казану. Био је то једини стари човек, који је знао.

Ја нећу престати да сањам, а роса или киша, месец и звезде, бистра светлост јутра, све ће потрајати колико и мој сан. Тако је шапутала Ника причајући себи стално нове приче, рођених из невиности њених година.

* * *

ОДЛАЗАК

Пре него што ће догађаји условити да Ника пође неизвесним путем (сваком живом бићу судаје су то већ одредиле), она је стекла једну нову способност. Одрасли су то звали контемплацијом, а неки још и стварањем сопствене космогоније.

Одлазак старих људи из стварности догађа се истом оном брзином са којом деца ступају у њу. То је Ника слутила, иако је нерадо прихватала. Борила се против тога снагом фанатичне имагинације. Зашто да будем у томе (ружном и мрском) када имам увид у друго, лепше и боље? Зар уметнику није најдража слика коју сам наслика?

Научници слепим људима уграђују вештачке очи, а нико не зна како и шта они виде, као што уосталом ни ја не знам да ли други виде предмете као ја. Ако је виђење релативно, онда не постоји једнобразна објективност; сав свет је субјективан. Тако је Ника имала потврду за својим сном, али и он се разликовао као лично стање-сан, од оног обичног, датог свим људима, којим се мисаони генератор пуни галактичком енергијом. Она је то замишљала као убрзано струјање честица (мисли, осећаја, асоцијација и свега оног што садржи духовна супстанца) које у току спавања обнављају трајање роботизованог материјалног тела, удахњујући му живот - космичку искру, независну од биофизичке хемије опипљиве реалности. Сан је брзо (мислила је) премотавање филма, који ћемо сутрадан гледати, јер тако небески духови, весници бесмртности, хране живот, оплемењујћи просто покретну материју божанском енергијом.

Ова Никина метафизика имала је нешто од архајске природности и јасноће. Била је такорећи чедно лепа.

Можда бих зато живот-сан могла да назовем илузијом за разлику од оне привидне, којој су подложни одрасли. Ноћу, у позне сате када сви спавају, дозивала сам Бога, и молила да ми подари вечитост овог стања. Једном ми се учинило да се појавио и рекао ми да то не зависи од њега, да је све што се дешава израз моје воље. „Пре коначног сусрета са мном, ти мораш много тога да доживиш, једино тако ће бити могуће наше виђење."

Да Ники није било стало до тог виђења, Бог није могао да претпостави, али ни Ника све то није најбоље разумела. Напротив, мислила је: ја могу оно што замислим, али не видим разлог да уистину то и урадим. Било је то Никино самозаваравање, којим деца одлажу своју немоћ за неко будуће време одрастања.

Ја знам да је овај свет дарован мени и да не може бити стварнији од онога што сам ја, која га мислим.

Ника је одиста умела сликовито да формулише свој дечји солипсизам.

Како што дух види стварност прозрачно, тако и она њега само назире. Једном сам посматрала како моја мајка лети са трапеза доле у амбис, где су је ипак дочекале руке њених партнера. У том трену видела сам пад звезде репатице, понирући сјајни знак могуће смрти. Узбуђеност публике, круг арене, високи стубови о које се вешала зрачна љуљашка, други вежбачи, изгледали су ми као фантомски негативи у посуди растварача, који су имали могућност или да побеле и нестану, или да оживе, као покретне слике. Затворила сам очи, и намах је све нестало. Свуда око мене била је апсолутна тама. Погледала сам и схватила да је спољна представа у мени да зависи од моје воље, без које - све је ништа и све је смрт. Тај циркус био је свеколики вашар маште, рингишпил усковитлане пометње, коју с времена на време мој ум обликује. При том, осетила сам како, док стварам свет око себе, истовремено и губим део сопственог ја.

Енергија ноћног сневања унеколико је то надокнађивала, док је разлика била постепено старење и ентропија. Ове изразе Ника је научила читајући савремене теоретичаре физике. Њу није занимала поезија, ни књижевност уопште, као другу децу њеног узраста, јер је сматрала да све што тамо пише она већ има у свом непрестаном дневном сну.

Другом приликом присуствовала сам сцени у којој двојица жонглера муслимана метанишу; клече и са рукама испруженим испред погнутих глава, предњим делом тела крећу се напред - назад.

Просјак, који је управо излазио из контејнера са смећем, носио је две наранџе (како ти људи увек проналазе оне ствари којима тамо није место?), па пружајући ми једну рече: „Ово си нехотице бацила, надам се да ћеш пола од тога радо узети натраг." Осмехивао се како то чине надмоћни људи, свесни да својим задивљујућим закључцима подстичу туђу радозналост. Он је на то имао права, јер је толико времена проводио у мудрој доколици и био је, како је то говорио Циганин Петер, прави Диоген из контејнера.

Зато сам и питала просјака коме се и зашто они Турци клањају? „Добро је што си то питала мене, а не њих, увредили би се. То се они обраћају свом богу, Алаху. Тако се утапају у Принцип Света, чија правила је прописала света књига Куран. За њих је то као што је за тебе сан или за мене слобода. То у овом лудом свету људе повезује, спречава их да не одлете у хаос. То одржава Јединство Света:"

„А други, хришћани, будисти?..."

„И они. Начини су можда различити, али је смисао исти."

Тако је Ника дознала да је Принцип Света нагонска потреба одраслих, и да је то оно што они називају религијом. То је вероватно, мислила је Ника, мотив који наставља наду, и у вези је са оном духовном енергијом коју Бог шаље људима ноћу док спавају. Деци то није потребно, јер њихови сни су стални, и непрестано им обнављају духовну енергију.

„Видиш, закључио је просјак, живети није лако, иако је лепо."

Ника није могла да претпостави у којој мери ће потоњи догађаји показати колико су била тачна ова његова запажања.

* * *

Данијела и жонглер су редовно изводили оне смешне ствари у нашој камп-приколици, а ја сам им чувала стражу. Они су се тако навикли на мене да су постајали све бучнији, нарочито Данијела. Она је јечала и запомагала, тако да ми је падало на памет да се умешам, али би онда изненада почела да гугуче, изговарајући при том неке бесмислице, које нисам ни памтила.

Можда има нешто заводљиво у томе што њих двоје раде, али свакако не у оној мери да би могло да ме заинтересује, јер сам одавно научила да све оно што је забавно за одрасле, деци је досадно и неразумљиво.

Ова вечерња бдења прекинуо је један непредвидљив догађај, који ће се одразити и на моју будућност...

Једне звездане вечери (био је млад месец и ја сам размишљала шта да пожелим јер ће се свака жеља тада испунити, како су му Цигани говорили у дугим ноћним седељкама крај ватре) нечији крупни длан спусти се преко мојих уста, и нека рука ме чврсто стеже отпозади. „Пст..." зачух мукли шапат дресера животиња, „ако писнеш, заврнућу ти шију!"

Ах, како сам се препала тог опаког човека, што се претећи нагнуо нада мном. Имала сам осећај да је тај колос шчепао моје срце, и њим витла лево-десно. Гушећи се испод његових дебелих прстију, промумлах „У реду ...да...да...хоћу..."

„Ти чуваш стражу матарој Дени, а?" Просиктао је. Ја само климнух главом, онолико колико је допуштао мој незавидан положај. Он се злобно зацерека: „А њу туца онај педер са жице, а?" Нисам знала шта да му одговорим, али он то и не сачека, већ продужи: „А је ли и тебе?" Ја се зањихах: „Нееe..." „Е, то је већ боље", рече он, и стисак нешто попусти.

Тада нагло отвори врата приколице. Унутра су Данијела и жонглер радили исто оно што и моја мајка са гутачем ватре, само лежали. Били су тиме толико заокупљени да нису ни приметили улазак дресера.

Дресер изненада однекуд извади корбач којим је малтретирао животиње, и опали њиме жонглера по леђима, и то свом снагом, тако да се овај скоро укова у Данијелу под собом. Она задовољно захропта, још увек несвесна опасности, када се разлеже жонглерова дрека. Истовремено дресер ошину корбачем и Данијелу, некако са стране, по боку и бутини, те и она зајаука. Дресерова рука је радила као машина, хитро и тачно, а оно двоје су се увијали и драли, тако да сам морала и нехотице да се гласно насмејем.

Онда дресер нагло с тим прекиде, затвори врата и, хватајући ме за руку, грубо ме поведе у ноћ.

„Време је", рече, "да ја и ти озбиљно поразговарамо."

Ника тада није знала (а не би то ни разумела) да је дресер одавно све знао, и да му је то била згодна прилика не само да се отараси Данијеле већ и да, помоћу Нике, покуша да промени свој нимало угодан живот. А да је то и могла и да схвати, ни у чему не би изменила наилазеће догађаје. Никина судбина није више зависила од њеног сна.

„Проћи ће цела ноћ док се оно двоје гнусоба досете шта сам ја урадио, и усуде да нешто предузму, а ми ћемо дотле бити већ далеко", говорио је дресер вукући је ка мотоциклу, који је већ био натоварио стварима. „Држи се чврсто за мене", рекао јој је, "ове ноћи ћемо дуго путовати."

Све се ово одигравало у магновењу, и испрва ми је било занимљиво. Непрестано ме опседала сцена са разголићеном Данијелом и жонглером, њихова вриска и увијање, а и неоспорни ауторитет моћног дресера, коме нисам ни помишљала (ни смела, уосталом) да се супротставим.

Он упали мотор и изађе на друм. Ја сам се први пут тако возила. Било је топло мајско вече, и ветар који је хујао око мене причињавао ми је недоживљено задовољство. Нисам размишљала куда идемо, ни зашто ме дресер води са собом. У овом тренутку то ми није било ни важно. Неки до тада незамисливи осећај слободе занео ме је, и препустила сам му се, опијена брзином којом смо напуштали мени до тада једино познати свет.

Одлазак би у неком могао да изазове унутрашњу пометњу због напуштања уходаног реда ствари; неке би могао да погоди носталгијом, јер можда заувек губе старе пријатеље и незаборавне успомене. Мене то није дотицало, јер сам носила све у себи, и могла сам да одем било где - свуда сам се осећала као код куће. Није ми било тешко да истиснем из памћења родитеље (а они су већ и отишли ко зна куда) и циркус, Циганина Петера и просјака, дакле све оно што је постојало само колико је било потребно да се буђењем и дневном светлошћу избрише из сећања.

Једину непријатност имала сам због сапутника. Сатима већ путујемо ћутећи; чује се само уједначено предење ауспуха и, повремено, шкрипа гума. Седим иза њега, већ одрвенела због непрекидно истог положаја тела, и ћутим, не само из страха већ и зато што једноставно не знам шта бих причала са њим. Тишина у мојим устима је поразна, језик сув, а у глави празнина. Можда је од овога гора само непредвидљивост ове вожње и моја окрутна беспомоћност. Ноћас, увидела сам, ништа, ниједан детаљ будућности, није више зависио од мене.

Тек сада сам схватила да су само у књигама све ствари јасне. Грешке противника (других) могле су се предвидети добрим расуђивањем, јер су и поступци противника разумни, засновани и логични. Да није тога, те успокојавајуће чаролије могућег, нико не би ни читао књиге. Али, у животу, и ове ноћи, ја нисам знала како да се понашам са дресером, јер сам поражавајуће осећала (интуицијом) да ни он сам не зна куда иде, ни шта ће већ идућег тренутка учинити.

Видела сам да је и даље бесан; неки ђавољи електрицитет варничио је из његовог

43

гломазног тела, а и возио је погибељно, секући кривине, при чему је мотоцикл полегао по тлу, тако да сам, тик уз лице, осећала дах прашине и трења, или бих се подизала увис када је кочио лебдећи испред неке урвине. Пењали смо се вијугавим серпентинама све више, а стреловито промицање околних предела изазивало је у мени опаку вртоглавицу и мучнину. Никада до тада нисам имала прилике да заиста упознам сву грубост стварног живота.

Дивљи човек преда мном имао је велики нож заденут за пасом који ме је повремено тупо ударао по бедрима. И изненада, ни сама никада нећу сазнати зашто, ја га упитах: "Заиста ме чуди, зашто их ниси побио?"

Можда је то био безнадежан Никин покушај да заподене разговор с њим, психолошка потреба да се сапутник отргне из учмалости неподношљивог ћутања, разорним и неочекиваним питањем. Он се хитро окрете и погледа је изненађено, тако да мотоцикл, правећи осмицу, умало не слете с пута. Затим одговори, готово равнодушно: „Сва деца су иста, глупа и безосећајна. Човека треба казнити, понекад чак ако и не погреши, јер ионако је грешан, и опомена неће бити сувишна. Али - убити? То могу једино Бог или ђаво. А ја, нажалост, нисам ни једно ни друго!"

Та разарајуће исправна логика од тако примитивног човека Нику је напросто распаметила.

Негде пред зору (а били су већ дубоко зашли у ненастањену пустош и дивљину, високо негде у планинама), дресер се разведри. Први пут Ника осети неку благост и топлину у гласу те мрачне особе. А томе је претходио пад звезде репатице, која исија са истока и треперaво направи полулук, блиставо осветљавајући једно велико језеро испред нас.

„Добар знак", рече дресер. "Можда ћеш ми ти на крају донети и срећу."

У Ники је, напротив, та звезда само увећала стрепњу. Били су се испели сасвим до неба, и сасвим сигурно оставили заувек све иза себе; а куда ће даље, и шта уопште планира тај необични човек?

Та чудна реалност, до тада незамислива, одливала ми је енергију, убрзано, и све више, а и због студеног ветра што је брисао око нас, и влажио ми очи и нос. Дрхтала сам, осећајући потмули бол у грудима. Фармерке и блуза били су ми слаба заштита пред хладноћом која ми се увлачила под кожу и у кости.

Дресер тада заустави мотор и извуче из торбе неки огртач, који ми пружи без речи. Слеђена, стајала сам као кип на самој обали језера, док он приђе води, захвати је шакама и поче да се умива. Ја се стресох од саме помисли на језиву влажност воде у том мрзлом прасокозорју, а он се грохотом насмеја.

„То је живот, госпођице", рече подсмешљиво, „то је и твој будући живот."

Већ је свитало. Унаоколо су се помаљали усечени превоји, што спајају планинске врхове у магли, обриси шума и камените стене изнад језера. Захвати ме хистеричан страх од саме помисли да спољна страна стварности гуши и потискује мој унутрашњи свет, и да бесмртност моје душе копни и умире ту пред очигледним ништавилом мртвих ствари, које су имале већу моћ од мојих дотадашњих маштања.

Немушти мир овог места, које је истицало огромност природе над сићушношћу човека, чинио је све снове узалудним. Пакао није, мислила је Ника, под земљом, у ватри, он је овде, на крову слеђеног неспокоја и отуђености, када дух неизоставно захвати апсолутна пометња због толике зависности од природе и трошног, пролазног тела.

Дресер је стајао над аветно кристалном језерском водом као страшни маг, неумитан и свемоћан. И мимо оних његових речи да није господар смрти, успанично сам се питала: у којој мери је он одлучио да постане господар мог живота?

* * *

ЛУТАЊА

На језеру смо остали све до изласка сунца. А то рађање ноћи ни из чега било је магично. Тако нешто нисам могла ни да замислим, јер мој унутрашњи космос није садржавао толика чудеса. Када се наједном стакласто бледило воде, још понегде прекривено сивилом зоре, озарило љубичастим, горућим љуспама, помислила сам на фатаморгану, мада тог тренутка нисам била сигурна да ли се тај феномен може јавити па планини. Али, и сама ова слика пренета замишљеним ваздушним мостом, била је тако непојмљиво задивљујућа, да је превазилазила могућност било какве замисли. Разнобојна светлост (наранџасто жута, лимунжута и окер, бордо и крваво црвена, ружичаста и ватрено прозрачна, мрка, плавозелена као плод кивија, резедо и пастелна попут првих пролећних латица, снежнобела, таласастих, меких влакана лептирових крила, или дречава као да је директно пренесена са Тулуз-Лотрекових реклама; скупни блесак који превазилази могућност вида, боји само око и поглед) падала је са свих страна, слична баршунастом ћилиму, што валовито прекрива језеро и истовремено га стапа са куполом неба. Повремени лампиони гејзирастих искри златили су ово акварел-место, на коме смо се дресер и ја необјашњивом магијом претворили у ковитлави плесачки пар, и сами делови оживљеног пејзажа, чије је бочно приобаље пулсирало као огромни и мистичан организам. Источни део обзорја поклапао нас је унутрашњошћу пресечене мандарине, чије су кошчице биле брилијанти у боји драгог камења; рубина, оникса смарагда, опала или алема, што својим сјајем ноћ претварају у дан.

Једина моја мисао била је да присуствујем свечаном чину спајања овог и оног света, и да је то почетак свеопште апокалипсе. У заносној лепоти, и неком само Богу доступном иронијом, требало је да то буде уништење свега и коначна, спокојна смрт. Истовремено, указала јој се и нека нада у спасење, мада једва видљива. Сурова магла сумње била је свуда око ње.

Дресер као да се трже из неке своје (ко зна какве) замишљености, и приђе мотору. „Треба да кренемо", рече.

„Куда?" Усудила сам се да га упитам, а он, на моје изненађење, одговори несигурним речима, гледајући бојажљиво око себе: „Не знам. Можда на исток (показа на сунчеву куглу која се испречила између горуће линије језера и маглених висова у даљини), У Бугарску. А шта, ако је потерница већ стигла до граничара? Или на југ у Македонију? Опет са могућношћу да будемо заустављени. Да останемо овде, и вратимо се у Врање или у Пирот? Али, не знам шта бисмо тамо радили. А и ухватили би нас кад-тад. Ипак, шта мислиш, да бацим новчић?"

И он извади метални динар и хитну га увис. Не знам како је то закључио, али он ведро повика: "Бугарска, да! Тако сам и мислио!"

Поново се сместих иза његових леђа на мотоциклу и кренусмо, сада низбрдо, долином неке кривудаве реке, ка њеном неизвесном ушћу.

„Вероватно си гладна", рече када стадосмо крај једне чесме, што је излазила из стене крај пута. Извадио је комад хлеба са шунком, и то поделили на два неједнака дела, од којих мени пружи онај мањи. Била сам гладна и тај поступак пропратих погледом који није био пријатељски, на шта он између залогаја продеци: "Ово је сасвим исправно. Ти си мања од мене, а и не улажеш никакав напор у овој вожњи."

Опет смо јурили вратоломном брзином, а ја сам била уверена да нећемо нигде стићи, и да ћемо завршити у неком од бројних кањона, што су окомито и злослутно зјапили испод нас. Дресер је углавном возио левом страном, и само нас је чиста срећа, јер није било возила из супротног смера, довела до граничне постаје.

Дресер предаде контроли свој и мој пасош, а видећи мој упитни поглед, дошапну: „Понео сам и неке твоје ствари, али, о томе ћемо касније."

Када смо прешли границу, дресер смањи брзину; очигледно је да више није журио. Сада је пазио на саобраћајне знакове, јер смо све чешће пролазили кроз мала насеља.

„Напустили смо Србију заувек", рече, јер ово сада је моја земља".

Ники је било свеједно, иако се бојала тог великог човека, мада га није мрзела. Он је такав, као што сам ја оваква, објаснила је себи, и то је питање није више мучило. Није размишљала ни о чему. Налазила се у некаквој летаргији, можда и због умора, само на моменте свесна свог незавидног положаја.

Убрзо уђоше у Ћустандил, мирну варошицу у грчко-медитеранском стилу; правоугаони парк-тргови, ниске зграде са равним крововима, велика робна кућа, у маниру некадашње социјалистичке гран-доманије, ситни, кутијасти ћепенци које су они називали бутицима, у којима се продавала свакојака, шарена, углавном вашарска и кријумчарена роба. Кафане и бистрои су имали терасе преко пута, са друге стране трга, па су келнери били најчешћи пролазници на иначе полупустим улицама. Полицијска и понека приватна возила кружила су унаоколо са наглашеном незаинтересованошћу возача и са досадом, тако типичном за крајине које су се налазиле изван познатог света.

Оваква паланачка тишина, плесњиво монотона, потпуно ми је одговарала, јер у овом стању не бих могла да поднесем неки другачији ритам, ни вреву оних наших градова-мравињака. Древни мир, што се ширио са расцветалих липа мирисима тихе усамљености, идилична тромост доконих шетача, глуха тишина и равнодушни спокој, вратили су ме у време поподневних сањарења у соби у Земуну, у којој сам проводила многе дане, окружена само са оним особама, мени драгим, са њима водила бескрајне разговоре и у мислима путовала у све крајеве света, не напуштајући физички праг сопствене смирености.

Наредног дана пронашли су смештај у некој кућици на периферији, на самој падини пресахле реке, издвојеној од ближњег насеља правом буковом шумом, са повртњаком и баштом, и врежама купина, малина и рибизли, тако да је изгледало да се налазе на сеоској фарми, далеко од осталог света.

„Овде је некада био мој дом", рече јој

дресер необично присно, чак се био разнежио и глас му је изгубио ону тврдоћу. „Ове шљиве и онај орах, јабуке и све што видиш, ја сам засадио, пре него што сам напустио Ћустандил."

„А зашто си отишао", упитала сам га, „када је овде тако лепо и мирно?"

„Баш због тога. Умирао сам од досаде, а хтео сам и да упознам друге земље и друге људе. Сада знам да сам погрешио, али мало је касно да се кајем."

Дресер је припалио цигарету, једну од оних смрдљивих, што се овде навелико пуше. Отпухнуо је дим и наставио: „Веровао сам, али су ме преварили. Људи обично једно причају и обећавају, а друго раде. То ћеш и сама увидети. Ето Данијела, да сам тамо остао с њом, она би се некако постарала да ми дође главе са оним њеним бенастим љубавником."

„А зашто си повео мене? Шта ћу ја теби? Не мислиш ли да бих и ја могла као Данијела?"

„То је зато, као што рекох, јер не умем да мирујем. Ваљда је у мојој природи да тражим ђавола?"

„Ти ме ниси ни питао. Отео си ме зато што си јачи."

Дресер се замисли. „Има ту истине, али била је то само последица. Ти си се с њима заверила против мене, и ја сам имао право на освету. Можеш ли да размишљаш на такав начин?"

Ника је помислила како је дресер можда у праву, иако она до тог момента није тако посматрала ствари, ако је уопште и размишљала шта чини када је прихватила Данијелину понуду.

„Добро", рекла је, "колико дуго ја треба да испаштам своју грешку?"

Он је одговорио питањем, загонетно се смејуљећи: „А зашто мислиш да испашташ? Шта ти недостаје овде? Да ли се ја лоше понашам према теби?"

Било је истине у томе. Ако занемарим оно грозно путовање, а не могу да не признам радост и раздраганост коју сам осетила при мом првом присуству рађања сунца над планинским језером, није ми се догодило ништа лоше. Напротив, овде је било лепше него у циркусу. У ваздуху као да је лебдела нека неслућена пријатност и свежина, а најугоднија од свега била је светишина, и очаравајуће одсуство људи. Повремени испад дресера, викање без разлога и дуготрајно намћорасто ћутање, Ники није сметало. Тај човек се све више осамљивао, а њој је то одговарало, јер је и сама желела самоћу.

Међутим, ова обећавајућа контемплација, тако угодна у блаженој доколици, није потрајала. Већ након неколико дана дресер - који је свакодневно некуда одлазио у рано јутро, а враћао се тек касно ноћу, када је Ника већ спавала - дође једне вечери кући нешто раније и рече: „Од сутра смо поново у циркусу. Нису ме заборавили, а и о теби сам им испричао најбоље ствари. „Ника га погледа са чуђењем; шта је он могао непознатим људима да исприча о њој?

„Да си врло лепо девојче", настави дресер, "да си добра у рачуну и још у много чему, а и глас ти је звучан као горска фрула. Укратко, продаваћаш карте на благајни и најављивати програм, за почетак. Радићеш још понешто, додаде загонетно, али о том потом."

У току дана дресер је Ники показивао како се прави наклон према публици, како се осмехује, иде на прстима и увија боковима, баш као што раде и праве играчице у паузама између појединих сцена. Показало се да Ника има урођени смисао за ритам и равнотежу, а и мекан, гибак ход, који својом грациозношћу изазива дивљење код гледалаца. „У твом изразу лица има нешто", рекао је дресер, „све мислим да сам нашао оно што треба. Нека је просто блудној Данијели на овом дару." Дресерово усхићење, омамљујући пламен из његових очију, скривао је неко тајно значење,које је могло да буде упозоравајуће, али не и за Нику. Она је веровала том туробном човеку као ваздуху који дише или води коју пије, прихватајући га као нужност, која је таква каква је.

Већ на почетку Ника је освојила све, и гледалиште, и извођаче, и газду циркуса, све до радника који су распремали шатор и обављали друге споредне послове.

Зачудо, дресеру се то није допало. Гледао је злослутно својим лукавим очима на сваки мој покрет, и на оне који су ме посматрали. Једном, после представе, приђе ми и љутито рече: „Све ове фукаре, желе те као онај блудник Данијелу, али, на њихову несрећу, само те ја поседујем." Потврдила сам то климањем главе, како сам већ била научила, без воље и снаге да му у било чему противуречим. „Шта, и ти мислиш да те они хоће?!" Раздра се наједном он, а ја уплашено устукнух: „Ја сам се само сложила са тобом, прошапутах, „шта је у томе лоше?" Он се загледа у мене дугим испитивачким погледом. "Да ли ме то ти не преводиш преко реке жедног, а?" Ја сам ћутала не знајући шта да му одговорим, а он заврте главом: "Па, добро. Видећемо."

Када смо се враћали кући, он настави са својим сумњама. „Питам се", у гласу сам осетила неку нездраву слутњу, "докле ће све ово да траје? У теби нешто клија, видим ја, а то ми се не свиђа." Наравно да Ника није могла да зна на шта циља, као што није била свесна ни својих нових облина које су се нагло појавиле на њеном телу, и омамљујуће путености своје коже, која се нарочито истицала при белини ноћних рефлектора.

Следећи дани постали су мора; на сваки њен покрет у циркусу дресер је помно мотрио тако да су то и остали приметили. Почели су да га задиркују, све док није једног испребијао, тако да је дошла и жандармерија. Газда му је одмах дао отказ, што је аутоматски значило и повлачење Нике на њихов скривени мајур.

Следећи дани били су права свечаност; блиставо, таласаво лелујање сенки и светла, што су се непрекидно борили међу крошњама разлисталог дрвећа, доброћудно дресерово ћутање, док је сатима зурио у неку само њему познату тачку, дугини отисци мисли, што су их исцртавали и бојили духови које сам призивала из елементала детелине, папрати и траве, повремени западни поветарац и непрестани пој славуја, клик зебе и врискави зов тетреба из шуме. То рајско време потрајало је до краја јуна, а онда је Ника скривено, и сасвим случајно, присуствовала разговору у шупи, где су држана дрва за ложење, старе расходоване ствари, и ко зна шта још.

Један погрбљени старац (после је схватила да је то антиквар или златар, или напросто шверцер) превртао је неки прстен међу прстима. „Продајеш га због ње, а?" рече сувише мазно и подругљиво. „Не." Несигурно узврати дресер, врпољећи се. Никако нисам могла да замислим свог господара тако унезвереног, збуњеног. „Хм. Много тражиш", настави старац, „не интересује ме..." „Али... то вреди..." скоро болећиво прошапта дресер. "Можда у радњи, ако би неко имао паре да купи. А ти си у шкрипцу, и, ех, та мала..." Дресер се загледа у старца молећиво: „Не треба да ме уцењујеш..." „Зашто?" цинично ће старац. „Зато што си зацопан. Ух. Мада, ми преко жене, љубимо ли · је, волимо себе. Она је огледало наше нарцисоидности, и наш враг, најпосле. Е, ту цену морамо сами да платимо."

Дресера најзад издаде стрпљење: „Хоћеш ли ти ово да купиш или нећеш? Хоћеш ли, казуј своју цену, узимај, и ћути!" Сада је већ личио на себе, очи су му засијале и тело се дивље удрвенило.

„Петсто марака, и ни Лев више." Прошишта старац, враћајући прстен дресеру.

„Задржи га и дај паре", прихвати дресер. А своју јебену филозофију остави за идуће дане, ако их доживиш, и када још мало подетињиш."

Старац се насмеја кезећи се празним безубим вилицама: „Сетићеш се ти овога, друшкане мој, сетићеш се, али тада ће бити прекасно." И оде, гегајући се. Дресер широм отвори расклиматани прозор, као да тера из шупе непријатан задах сумње, коју је то страшило умело да остави иза себе.

Ја се полако искрадох и кренух према кући. Ника је била затечена овим сазнањем; њен киднапер, оријашка људескара са тако мало осећања и нежности, продавао је породичне драгоцености да би их прехранио. И, што је још мање схватљиво (Нику је прекривала полупровидна мисаона магла), тај чудак је био заљубљен у њу, а она скоро да није ни знала шта љубав у ствари значи.

Да ли је то она ружна игра њене мајке са жонглером на жици? И Данијеле са гутачем ватре. Дресер до сада није ни помишљао да тако ради са мном. Или је то пријатељство, стална жеља да будеш с неким и да му угађаш, пратиш његове покрете и речи, и дивиш им се? Ја нисам приметила ништа слично у мом односу са дресером. А можда љубав погађа само одрасле, и зато деца и не знају шта је то.

Од оних пара од прстена живели смо све до краја зиме, када је дресер одлучио да напустимо Ћустандил, и кренемо даље на исток.

„Бугарска је у хаосу", рече ми. „Нико не ради, већ сви тргују или се баве криминалом. Зато је овде немогуће живети. Пријатељи су ми рекли да је у Турској добро, а ако будемо имали среће, ко зна..."

Спаковали смо оно мало ствари што смо имали и нешто суве хране, и запутили се мотоциклом ка Истанбулу.

У међувремену, то су била као нека одморишта, дресер је надничио на пољима нових велепоседника, а ја сам му припремала сендвиче и прала веш (то сам већ била научила), а с вечери, при месечини, показивала му моје цртеже, које сам скицирала у току дана. „Ти си талентована", говорио је он занесено, „право чудо од девојке." Све чешће је употребљавао тај назив, а и опажала сам како је много пажљивији него раније, чак сам осетила и неку углађеност у његовом понашању. Његов груб и непредвидив темперамент, који је нарочито долазио до изражаја при успутним сусретима са људима, преда мном је постајао благ и топао, на шта до тада нисам била навикла.

Но ипак, покушала сам да дознам шта смера са мном. "Зар не видиш", одговорио је мирно, "какво је смутно наишло време, а твоја крила још нису израсла. Шта би ти сама у овом проклетом свету пробисвета и разбојника?"

Ника је инстинктивно осетила да има истине у тим речима и никада више о томе нису разговарали. А дресер је наставио са својим заштитничким ставом према њој, као да је у томе видео неку нову светлост, до тада њему непознату, и неко слатко, нежно осећање које јаки људи могу имати према беспомоћним и слабијим. Уз то, он је био фасциниран Никином незаинтересованошћу за дружење са њеним вршњацима, или са било киме. Није имала неке нарочите прохтеве својствене женама, могла је сатима и данима да буде крај њега, а да ништа не затржи, да не проговори ни реч, да не одбије ниједан његов захтев, и то све тако непосредно и природно, као да је добри дух или анђео, створење какво до сада није познавао.

Све ово је полако мењало и самог дресера. Чудно је како човеков карактер зависи од људи са којима се дружи; ни мало није другачије од понашања било које животиње. Младунче вука у зечјем логу зацело би постало, по свом темпераменту и понашању, зец, као што и човеково дете, ако је веровати Киплингу и многим бајкама широм света (супротан пример са Ромулом и Ремом не би било упутно овде истицати), уз вучицу и вукове и само постаје вук.

Дресер је био Ники дадиља, отац, мајка и друг; и то га је потпуно изменило. Почео је, да ми испуњава сваку, и најмању жељу, мада их ја нисам имала много. А затим, када је то приметио, стао је, на свој повучен и стидљив начин, да их измишља уместо мене. Како је с временом увидео да то мени ништа не значи, прихватио је то као још један доказ да сам ја идеална.

Морам да признам да ми је то годило иако сам знала да је тај мој осећај глуп, гори од оног Нарцисовог да се гледа у кладенцу, и удави због самозаљубљености.

Коначно смо стигли на турску границу и са мноштвом свакојаког света ушли у ту земљу, где су се укрштали Левант и огранци Запада. Ту је Ника коначно могла да отвори врата која су из обмањујућег детињства и безбрижности водила у свет збиље.

Турска ме је у први мах подсетила на старе дане у циркусу. Врева, граја, и непосредност, као у кавезу за динго псе, уочи вечерњег оброка. Успутна пријатељства и истовремени заборав, присност, као да с тим људима живиш годинама, а онда изненадно отуђење, сумњичења и преваре, солидарност са ближњим и неочекивана равнодушност према њиховим незгодама, осмех и режање, песме и кукњаве, усрдност, понизност и молбе, до охолих претњи и грубости; речју, прави клошмерл несхватљивог људског хаоса.

Дресер се у свему томе одлично сналазио и примао све то као неко природно стање, на које је потпуно навикао. Најпре се цењкао са неким људима око хране коју је куповао, а онда се скоро потукао с некима којима је продавао бугарски дуван, затим се спријатељио са неким одрпанцем да би нас он одвео до преноћишта, како би потом утврдио да га је тај покрао, показујући при том да је и он њему скинуо златну огрлицу са врата.

„Видиш", рекао ми је, то је тај свет пропалица који лаже, краде и убија, не би ли преживео. То нису лоши људи, они су једноставно приморани да буду такви, као што ћемо и ми бити приморани, на крају крајева. И нека ти то не буде само забавно. Гледај, и учи!"

До Истанбула смо дуго путовали, иако раздаљина није била велика, јер су путеви били закрчени, била су честа полицијска заустављања и провере, а онда некакве рације, због којих смо морали да идемо заобилазним путевима.

Мене је највише збуњивала претерана љубазност Турака, иако нисам била начисто да ли они то раде због сервилности, из користољубља или су једноставно по природи такви. Нисам могла да разумем шта они очекују од мене, док би се клањали и обећавали све и свашта, заклињали се на верност и свето пријатељство. Исто тако нисам схватала њихову притворност приликом продаје, сем ако су очекивали како ћу ја неку ствар и купити.

* * *

Ево нас у једном хотелу на самој обали Босфора, када је већ пала ноћ. То је у ствари бивша чајџиница са неколико кутијастих собица без прозора, лавабоа и купатила, и са две простирке по цементном поду, уместо кревета. На рецепцији (један пластични пулт са расклиматаном столицом за којим дрема бркати дебели човечуљак, са цвикерима и огромним џепним сатом везаним месинганим ланцем за ревер прслука, који се клати у ритму његовог дисања) џезве за кафу и решо, флаша југурта и шаренокрили папагај у кавезу, прислоњеном уза зид. Испред улаза са којег су врата ко зна када однесена, врзмају се продавци хашиша, сладоледа и бозе, вукући пролазнике за руке, уз гласне повике, просјаци и неке полуголе женске, чија су лица размазана наранџастим наслагама помаде и пудера, и са чудноватим очима које као да се налазе на кугличним лежајевима, хитре толико да делују разроко.

Низ улицу, са обе стране, чопори деце и понека фантомска силуета буле, којој се назиру само очи, црне као гар.

Ноћ је оловно тешка, са мора надолазе црни облаци што предсказују буру. Ваздух је мемласт услед опојних испарења зноја, дувана, кафе и таласне плиме загоретина од леблебија, алве и бурека, која прохуји покаткад, ношена првим дрхтајима југа са обале.

„Да ли си гладна?" Пита ме брижно дресер, али ја одмахујем целим телом. Ко би могао у овом чистилишту страве и прљавштине да мисли на јело?

„Нисам ни ја очекивао све ово", теши ме дресер, „али, можда ће сутра изгледати друкчије. Не каже ли се код вас да је идуће јутро паметније од вечери."

Сумњала сам у то, и једина мисао ми беше да ако је свуда горе него овде, онда је живети не тешко, већ немогуће, и да је стварни свет пакао.

Још у току те ноћи ову злослутну Никину дилему разрешиће судбина тако да ће сутрадан, када се појави архајско сунце које је некада вероватно обасјавало и Троју, оног кобног дана када су Грци провалили њене зидине, она дознати да и пакао, ма како да је црн, има свог понорнијег и црњег двојника.

* * *

ОДРАСТАЊЕ

Преморена, изможђена и згађена свим оним што сам видела и осетила, бацила сам се на асурасту простирку и заспала. Био је то божји спас, једина могућност да одем одавде, било куда, било где, само да више све то не гледам, да ме то не дотиче и прља.

Дресер је остао напољу да нешто испита, рекао ми је, да некога нађе и уговори озбиљан и дугорочан посао. „Видећеш, испливаћемо ја и ти, видећеш." Биле су то последње речи које сам чула од тог човека.

Ако је некоме била потребна инфузија друге енергије, етеричне енергије што је из самог срца општости шаље Бог, у тој загушљивој предбурној, тешкој и опорој ноћи, то беше Ника. И њој дође обећани сан, али не онај о коме је вапијући маштала, не у виду развигорца, што са уснулог скида скраму смрти, ускрсавајући сан наде, већ побеснели оркан са огњевитим муњама, праћен громовима у њеним синапсама. Био је то сан раван првом делиријуму пећинског човека, када је спознао своју немоћ, и наслутио будући потоп и смак света.

Пробудила се у освит зоре дрхтава и сва мокра, да би намах постала свесна, видећи празну простирку поред себе, да је њена Нојева барка отплутала у недођију. Тог тренутка је стварни живот нагрнуо у Нику снагом која својом бруталношћу и мртве саблажњава.

А мртав беше дресер одмах крај самих врата њихове собице, убачен унутра, тако да су му ноге остале у ходнику, док су му руке и глава провиривале, као да траже од Нике задње уточиште. Вриснула сам и онесвестила се.

Каснијих догађаја се не сећам. Заборавила сам све; не знам ни где сам, ни са ким сам отишла, ни шта се са мном догађало следећих дана. Бледа линија која означава време била је за Нику прекинута.

* * *

Тераса окружена палмама гледа на море, а узани степеник, поплочан гранитом у више боја, спушта се на ситнопешчану плажу која је ограђена живицом и високом жицом. Покрај ње непрестано корача један крупан Турчин са белом чалмом око главе, револвером за пасом, и тигром, везаним каишем, који сустопице иде за њим.

Из саме ивице неба у позадини налази се дворац, са дванаест кула, чији се сребрнасти овални кровови-куполе беласају на сунцу, док се у три нивоа, један изнад другог, као источњачке пагоде, све у вишебојном стаклу и белом мермеру, издижу такође три изукрштане правоугаоне виле као једна складна и заокружена грађевинска целина, са ботаничким вртовима, сличним Семирамидиним, један изнад другог. Кров оне највише у виду је неправилне пирамиде са златним полупрозорима, косо усеченим и окренутим ка југу и морској пучини.

Да ли је то Аладинова палата из Хиљаду и једне ноћи, а ја, очекујем ли свог принца, коме ћу морати да причам фантастичне скаске од којих зависи мој живот? Или је после свега Бог услишио моје молитве и допустио ми да се настаним у Рају? Мирисни зефир доносио је дах алги са врхова пенушавих таласа, тако да ми се ова задња помисао највише свидела. Било је јутро, и чисто небо имало је изглед пупољка плаве руже, осенчене бистро белим ивицама сунчевих одблесака.

Сишла сам опрезно, страхујући да не пореметим магичност овог нестварног предела, и опет улетим у паклену атмосферу из које сам се управо пробудила. Стражар се правио да ме не примећује, а ни његов тигар ме није удостојио пажње.

Корак по корак и ослободила сам се; потрчала сам спрудом који се иза пешчане дине пружао према узаном гребен-рту, дубоко уринутом у море. Са обе стране беличасти таласи миловали су моја гола стопала, и одбијајући се, пахуљичастим капима воде запљускивали ме по телу и лицу. Преда мном, бледоплави хоризонт пружао се у недоглед, прекидан једино повременим прелетима галебова, који као да су се гнездили у пенастим оазама на пучини. Било је све исто, као у поново оживљеном, и лепшем мом старом сну, и ја заплаках...

Тада зачух глас, и окренух се

„Халем ел Фетем,[1] госпођице" Неки осмехнут човек, донесен привидом или изникао из самог песка, наклони се ка мени. Био је средњих година, зачудо плавих очију и косе, бледог издуженог тена и витког стаса (а сви су овде били црномањасти, здепасти, округлих, набреклих лица). Босоног, у платненим панталонама и широкој жутој кошуљи, подсетио ме је на Аладина са оне древне плаже, пре него што ћу узлетити на свом ћилиму у неизвесност.

Како нисам ништа одговорила, он настави: „То је моје име, и ја сам власник овог места."

Најзад сам и ја смогла снаге да изађем поново у реалност. Упитах га простодушно: „А где сам ја ово, и ... Шта се догодило са мном?"

„Он зна невидљиви и видљиви свет. Шта беше, и шта ће бити!" Одговори незнанац, кога је Ника већ замислила као принца.

---

[1] Цитат из Курана.

„А ви, добро, власник овог здања, плаже и мора, али - ко сте ви?"

„Ваш спасилац, лепотице, како бисте ви рекли. Ваш господар, ханумо, како бисмо ми рекли." Он се и понашао као принц из неког другог времена. И говорио је, без икаквог страног нагласка, мојим језиком.

Тада се Ники из тамне сенке заборава јави језива слика из оне собице у Истанбулу. „А дресер, упита, „Где је он?"

„У царству мртвих, ако је то нека утеха, јер све што је живо умире Алаховом вољом у часу суђеном",[2] одговори принц хладно. „Али, мислим, да се овде не смеју постављати непотребна питања, из најпростијег разлога, што се могу чути врло непријатни одговори."

Уђутала сам и спустила поглед, као што сам чинила толико пута раније. То није било необично, јер је Никин дотадашњи живот био непрестано попуштање и повлачење.

„Тако је већ боље", одобровољи се принц. „Изгледа да са тобом нисам направио грешку. Селиме (позва стражара), дај овамо послугу!."

Никада то тада Ника није угледала такве ђаконије у блиставо-златном сервису, које су донеле полуголе конкубине. Та слика је излазила из њеног искуства, и маште, све то, и играчице раскалашних тела, а смерног држања као калуђерице, недодириви принц и слуга са тигром.

---

[2] Цитат из Курана.

Халем ел Фетем правио се да их не примећује. Напротив, Ника их је гледала са усхићењем. Њихови дрхтави, а складни покрети, сензуалност укроћена достојанством, мекоћа коже која као да никада није видела сунце, ту на осунчаној плажи, био је парадокс који је измицао разумној контроли. Сањам ли, помислила је Ника, а онда се сетила свог места у свему томе. "А ја?" упитала је шапатом, у страшљивој недоумици да не наљути, или било како повреди тајанственог добротвора.

„А зашто те то интересује? Шта ти недостаје?" одговори он питањем.

Било је то довољно да се Ника врати у ранију кроткост препуштања вољи другог. „Ништа," рече простодушно.

"Сјајно!" повика принц. „Онда остани на плажи, волиш ли то?"

Ника послушно климну главом.

Убрзо се Халем ел Фетем и девојке, али са њима и стражар са својим тигром, удаљише, и Ника остаде сама.

* * *

Бацила сам се у бистру воду, гњурала, пливала, а затим као беба брчкала у плићаку, правећи у влажном песку замак сличан овом стварном. Од седефастих љуспи пужева и шкољки начинила сам фасаде, а са шареним каменчићима и иситњеним деловима од некадашњих амфора, поплочала сам дворишта.

И тако бих остала све до вечери да нисам приметила како сам поцрвенела као рак када је сунце већ досегло зенит и јара се проширила свуда унаоколо. Међутим, било је једно место, омалени вигвам оплетен бршљаном и ружама, као склониште. Ушла сам тамо и заспала.

Када сам се пробудила, дочекала ме је ужина крај узглавља; земичке, сир и путер, говеђи пршут и салате, воће, баклаве и топао чај. И једна цедуља на којој је писало: "Ја сам само посланик који држи све ове ствари, трошне и пролазне. Уживај у њима, али не заборави да се у ценетске[3] башче, кроз које ће реке теђи, иде другим путем, јер Аллахово је оно што је на небесима и оно што је на земљи. И Мухамед беше само посланик, а пре њега било је посланика."

И ово тајанствено писмо утицало је да Ника поистовети садашњи тренутак са чистом ведрином своје помисли, и да метафизички закључи, како постоји узајамност између претходне патње, потоњег благослова Божјег (или њеног сна) и угодности којом је награђена. Зато њој није изгледала необично чулна опипљивост новонастале среће. Зар нису Цигани говорили да се све мења, и са надом гледали у олујно небо, јер после олује грануће сунце? Овде на

---

[3] рајске

71

Босфору, да ли је Алах одлучио, шаљући свог мелека[4] да ме преобрати, и узнесе?

Била ми је нејасна дресерова смрт. Да ли је она условила промене? Треба замислити Нику како верује да је било потребно обредно жртвовање, не би ли се разоткрила сва раскош замишљеног живљења. Истовремено, она је тиме била и нејасно узнемирена. Нека сумња се зачела као прастара дилема о анђеоској или ђавољој природи човековог детета. Да ли је зло усађено већ рађањем у ген будућег човека, или постоји инстинкт добра у људском бићу?

Нисам била тужна (никаква патња, носталгичне успомене, сузе, празнина у срцу) због дресеровог бруталног нестанка (Ника врло ретко употребљава реч смрт. Да ли она уопште има представу шта то значи?). Али је нешто, црв који измиче мом свесном домашају, бледа нека нелагода, изненадно убачена у мене. Повремено је дресер долазио као холограм, скулптурна слика пред очима, и чула бих његов глас не осоран и прек , какав је знао да буде, већ умекшан пријатељском нежношћу. У грудима бих тада осетила чудан стисак; то је мени дресер недостајао. Такав осећај ме је плашио, јер је значио, морала сам да признам, да ја више нисам довољна себи.

То је било највише докле су могла да оду Никина осећања, али - био је то ипак први

_____

[4] анђео

корак. Робинсон је на пустој пешчаној обали тајанственог острва, опазивши отисак људског стопала, испрва осетио језу. Касније ће она прерасти у наду, што испуњава сваку празнину душе.

Ненадно, у овој рајској питомини, запитала сам се зашто људи уништавају једни друге, откуда толико мржње, подлости и зла. Био је то покушај враћања, али закаснео. Ника је већ била прешла линију стварности и њен је дух наставио да плута узрочно-последичним низом, што твори закон који покреће свемир, и чије је основно начело да када се роди прва мисао, њено је својство и дужност да и сама ствара потомство.

* * *

Те ноћи принц Халем ел Фетем одводи Нику даље у реалност привида. Тешко је објаснити овај појам, ако се не прихвати извесна релативност догађања. Неки то објашњавају утицајем дроге, други светачком имагинацијом пророка, или стањем песничког лудила, коју ствара халуцинантна усамљеност. У сваком случају, предуго путовање у себе чини да се заборави стварни свет, иако он и даље постоји. Источњачки мудраци су говорили да се у таквој ситуацији човек налази на вратима спаситељске пећине. Део тела, онај спољни, шибају ветрови и окива мраз, док други, онај што је већ ступио унутра, греје божански пламен откровења и спасења.

Мој принц ме уводи у царски врт попло-чан драгим камењем, дрвећем и цвећем за-сађен, са водоскоцима из којих је пљуштала светлосна вода. Тамо, унутар стаклене купо-ле, осветљене бледоплавим и зеленим лус-терима, беху у полулуку (знак пресеченог месеца) постављени перјасти лежајеви, прес-вучени дамастом, златних боја, а под прек-ривен дебелим саговима, са чудесним ара-бескама. Ниске клупице-столови биле су препуне воћа и слаткиша, са кафеним ибри-цима од кованог бакра и чајницима, са шо-љама од кинеског порцелана. У средини се налазила арена, у ствари малено језеро, што је могао да буде и амам, јер се из њега дизала топла пара маглећи стаклене зидове.

Свуда, где год да сам скривено погледа-ла, лежаху мушкарци (а ниједне жене) - неки слични принцу Фетему, други дебели и бра-дати, сви са чалмама око глава, и са некак-вим змијасто извијеним штапићима у устима, из којих је повремено излазио дим.

Принц Фетем (или мелек, како је Ника почела да умишља) увео је Нику у храм за-довољства, где су приступ имали само муш-карци и наге плесачице, које ће из амама иза-ћи као од мајке рођене, како би телесним ст-растима допринеле да се свест господара њи-хових успне до посланика Алаховог и џенета. Али, неће јој дати да буде са другим

74

девојкама, и предмет пожуде присутних, већ је задржа до себе, на лежају, што за остале беше нечувено, и невиђено дотад.

Тада Халем ел Фетем, гледајући у Нику, рече: „О, Мерјема, тебе је Алах одабрао и чистом створио, и бољом од свих жена на свету учинио."[5]

„О чуда! Зачуше се пренеражени гласови. Полудео је, то шејтан[6] и неверник из њега говоре!" И подигоше се да пођу. Један од њих повика: „Зар не знаш, безумниче, оно: Зато не наводите Алаху сличне! Алах доиста зна, а ви не знате. Он све чује и зна, и мотри на оно што радиш. Њему клањамо. А такви, као ти, Халеме ел Фетеме, они ће становници џехенема[7] бити, и у њему ће вечно остати!"[8]

И сви одоше, бесно замахујући песницама, а ја и мелек, принц Фетем, остадосмо сами.

„Видиш ли, они ми не верују", рече принц равнодушно. "Муслимани врло тешко прихватају нове истине."

„Ни ја ништа не разумем", узвратих.

„Онај дресер животиња није умро узалуд", настави он. "Било је потребно да те напусти, али он не би прихватио други начин."

---

[5] op. cit. Куран
[6] ђаво
[7] мухамедански пакао
[8] op. cit. Куран

„Зашто?" упитала сам сасвим безазлено, јер ми се учинило да то што принц говори нема никаквог смисла. Помислила сам да се ради о некој фарси, или колоритној игри коју је он, из ко зна којих разлога, уприличио баш ноћас.

Међутим, принц одговори врло свечаним гласом: „Јер ти си заиста она која је послата од Алаха - дијамант што је остао чист у калу људских прљавштина. Ти си знамен који најављује други долазак Пророка!"

Ове речи ме потпуно збунише, и ја занемех. А принц рече и ово: "Ти то не знаш, и добро је, јер твоју душу, као наше, није запосео шејтан."

Халем ел Фетем, као сваки добар мухамеданац, није читао Библију, и стога није ни могао да зна како Ника, ако је тако предсказано, као хришћанка, буде ли требало да отеловори Човека-Бога, у овом случају мора проћи искушења једне Марије Магдалене.

Принц ме изненада упита: „Гледао сам те док пливаш, хитро и неустрашиво као делфин - бојиш ли се ти смрти?"

„Не", одговорих скромно, „ја не знам ни шта је то".

„А дресер?"

„То је нешто друго. Сви остали, а посебно они одрасли, имају другачије трајање. И ја не разумем њихов крај."

Он се некако сетно и њему несвојствено осмехну: „А колико је мало потребно," рече,

„да би човек престао да живи. Неколико минута зарањен у води, тренутни рез сечива под грлом, гајтан око врата, или, метак... Али, ја тако пред тобом не смем говорити, о Мерјема! Нека ми опрости хваљени Алах!"

Те ноћи су играчице из амама плесале само за нас. И евнуси су нас служили (Ника је некако знала да су то били баш они), упадљиво настојећи да скрију своје погледе и да буду што неупадљивији. А принц је, на моју радост (већ сам била и препуна утисака), ћутао све до зоре, када ме је повео у пространу одају у дворцу, са резбареним квадратним креветом, прекривеног балдахином, одаји која је, објасни ми, намењена искључиво мени.

Поклонивши се до земље (потајно сам веровала да је то нека нова шала) он оде, како из ове просторије, тако заувек и из мог живота.

* * *

Ника утону у меку постељу као промрзао путник у купку сауне. И усни следећи сан:

На брду изнад древне Троје, осенченом бледилом сутона, истицали су се клисурасти усеци што сивомрким стењем предвајају делове пустих висоравни и брежастог ситногорја. Гледани са стране мора, подсећали су на оживљени месечев пејзаж.

Са извесним узнемирењем, које доноси вече на морској обали, Ника је седела на једној стени и посматрала гасећи хоризонт. Можда и због асоцијације на Олимп, одакле је моћни Зевс коначно осудио Троју, она у нечему, што је вероватно био траг шпиље или усек у брду, виде главу Сатане, са левим оком већим, и претећи упиљеним у њу. Нагонски сам окренула главу на другу страну, али сам упамтила тај сабласни гест, као опомену и претњу.

Нешто касније, када се осмелила да поново погледа у том правцу, Сатане тамо више није било. Уместо њега посматрао ме је двоглави крилати вампир, огољених лобања, од којих је једна била женска. Лице окренуто ка Ники није било ружно, ни зло, напротив, као да је израз на њему био сажаљив, прекривен неким саосећајем и разумевањем.

Заинтересована овом променом, Ника за тренутак затвори очи покушавајући да схвати ту визуелну илузију, а када их је поново отворила, угледа на истом месту Мадону, чије су се сузе у бујици сливале ка подножју. Иза тога, на брду се појавила зачуђена статуа Сфинге, чији је поглед неодређено блудео.

У времену које ће касније доћи, када сам овај сан испричала неком калуђеру исповнику, он ми је, неуобичајено за светог човека, одговорио: „Када се спремаш да радиш грешне ствари, и када их радиш, ђаво је у теби. А када то прође, после дође Бог, али буде касно."

Калуђер није знао шта се све у међувремену догађало са Ником, али његово је тумачење у извесном смислу било и предсказање.

А следећег јутра као да се река догађаја опет преокренула настављајући да Нику, као слабашни лист, бесцињно витла по вртлозима и матицама својим, И она је тек тада физички схватила стару јеврејску пословицу, да нема веће несреће од оне коју у немаштини преживљава човек који је некада био богат.

У исту ону хотелску собу, крај чијих отворених врата је још увек лежао мртви дресер, упаде стварни слуга Селим, као фурија, са тигром иза себе.

„Марш напоље, каурско ђубре!" рикну, и, дохвативши ме за ревере спаваћице, повуче за собом.

„А принц?" Покушах. Он ме погледа изненађено, и ја схватих узалудност свог необичног сна.

Ишла сам спотичући се, још снена, за њим. Ушли смо у некакав неосветљени ходник, што се оштром косином спуштао надоле, а затим читав сат узаним, мемљивим и мрачним катакомбама, које сам у машти, којој сам се потпуно препустила, доживела као лавиринтско лутање Тезеја, иако сам знала да је он ходао путањом спаса, док је моје одлажење имало за циљ упловљавање у црни Стикс. Шумно дахтање Кербер-тигра терало ме је да трчим иза брзих корака Селимових, иако су ми стопала била увелико израњављена због оштрих избочина на каменитом тлу.

Када је угледала светлост, Ника је схватила наставак своје судбине. Два Турчина разбојничког изгледа дочекаше их горе на површини, где избише наједном кроз узани отвор, вероватно неке пећине. Један од њих подиже шибу, коју је држао обема рукама да је удари, али га други спречи, говорећи му нешто неразумљивим језиком.

Убацили су ме, сада свезану, у камионет, и после подуже вожње стали испред једне плехане механе, сличне оној где сам у Истанбулу преспавала прву ноћ. Само је ово ружно место било усамљено и увучено између два црвенкаста гребена, обложених сивим игличастим растињем. Ту сам, затворена у изби без прозора, само са лончићем воде и кришком сасушеног хлеба, дочекала ноћ.

Дошло је било време да и ја сведем неке старе рачуне, време у коме се убрзано гаси моја појединачна воља, и мимо мог отуђења од спољних утицаја (сада сам осетила да су они присутни као ваздух, и да су, какви-такви, незамењиви), и мимо наговештаја да све оно што ми се догађа јесте само дух из боце, који сам ја измислила и ослободила. И то је увећало моју беспомоћност. Прича је преузела у себе стварност, и ови сурови људи су се поигравали са мном, снагом коју сам им ја, радознала и наивна, неопрезно псдарила. Улоге су се измениле, и ја сам постала њихова робиња.

Узалудно је Ника покушавла да се повуче још дубље у унутрашњост свог психо-оклопа, али сваки њен напор и отпор био је безнадежан. Немам више куда у себе, а напољу је моћ која ме дроби и разлаже у ато-ме потиштености, у ништа које је трагично свесно своје ништавости.

Коначно је и Ника схватила да је немогућ сваки апсолутан покушај слободе. Није ли Селим био потчињен принцу, којег је касније, када је то неизоставан случај одредио, надмоћношћу коју даје принцип неодређености и хаоса, смакао, и Нику, његову опсесију, култ богињу што је требало да спасе стари свет, из кадифеног и сомотског сјаја сараја довео у најубогију крчму на свету, како би је продао као бело робље? Ника је поново мешала стварност и сан, јер се тешко ослобађала ранијих навика.

Разумел сам: не постоје вредности што одређују морал, ако их не прати моћ, која је по свом одређењу неморална. И да ниједна жеља човекова (време самообмане тако је лако одлетело) неће бити испуњена ако је слаба, и незаштићена подлошћу или грубом силом.

Да ли је Ника започела свој круг патње у коме парабола о праведном Јову неће бити никаква утеха? У књигама, а најизвесније у оним светим, свако зло има свој крај и утоку.У животу појединац то ретко или никада не дочека, јер бити кратковечан значи бити жртвован.

Током ноћи зидови су почели да се окрећу око мене као на успореном рингишпилу. Сасвим полако таван се спуштао надоле, а под се пео увис. И неки глас-дух ми је говорио: „Устани, бори се!"

Склупчана у свом ропском углу, завапила сам да не могу, и како, када све зависи од других.

Можда је желео да ме упозори и упути на истину по којој смо сви ми незаштићени, то сам касније схватила, и да је циљ - променити себе, како би се променио свет, који· ће повратно мењати и мене, и тебе - све нас.

Али, беше то узалудност која ће Нику уверити да је само немуштост прави говор духа, али у астралним долинама које не постоје овде, где се безнадно преде ангорска мекоћа светлости, којом ћемо покривати зимске снове да бисмо у мрзло јутро дознали да је са њима и наш Бог умро.

* * *

НОЋ ФЕНИКСА

Већ око подне лимени зидови су тако угрејали ваздух да сам једва дисала. Нису они људождери, понављала сам у себи, немају никакав разлог да ме овако грозно муче.

У рано поподне, унутра је јара постала паклена. Престала сам да се надам. Страшна врелина овог казамата почела је да се пробија кроз поре на мом телу усијаним бодежима бола. Најпре сам изгубила пљувачку и стала да шиштим као риба избачена на сунчани спруд. Затим су ми очи засјале зрачећом светлошћу, бацајући грозне сенке по свим мрачним кутовима избе. Сасвим без капи зноја, моје тело се увијало као горућа, сува хартија на ватри.

Они су вероватно замислили сабатни ритуал за који им је потребно да ме исуше и пергаментишу, тако што ћу остати без свих сокова у себи како би ме прострли испред свог светилишта, где ће отирати и остављати обућу док улазе унутра да се босоноги моле и клањају. Јер, ја сам завела њиховог врлог принца Халема ел Фетема и учинила га неверником, и мораћу у мукама, као шејтан, да испаштам. Сигурно је да су они поверовали да се принц под мојим вештичјим утицајем приклонио незнабожачкој вери у кумире, а да сам један од заводљивих кумира главом - ја.

Моје мисли су се опет на стари начин потпуно збркале, и настао ми је у глави хаос. Уместо заносних халуцинација о којима су бедуини, што у пустињи доживљавају осунчане катарзе, испредали приче: слике зелених оаза, бистрих потока, хладовинастих палми, чемпреса и лимунова у прекрасном џенету, мени се привиђала пустош два црвена гребена, оловно море и вулканска лава што куља из таласа, палећи небо и звезде.

У једном надајућем тренутку помислила сам да су ме они заборавили, али да ће се сетити, и неће дозволити да усахнем у овој јазбини. Зато мораш нешто да учиниш, наговарао ме је неки унутрашњи глас, када ћеш ти већ једном почети да се бориш?

Понесена тим подстреком, изненада из мене излете нека скривена енергија, и ја слабашним телом грунух у врели зид, где сам претпостављала да се налазе врата.

Иако нисам чула туп звук удара, врата се намах широм отворише. И пре него што сам се онесвестила, зачух потмулу рику једног од Турака: „Бештије глупе. А шта, и како после ја да продам?"

Ту се опет прекида филм Никиног сећања, да би се наставио...

* * *

На поду моторног чамца, иза леђа неког здепастог мушкарца. Чамац понире низ таласне доље и пење се са бреговима, а заједно са њим и моје тело.

Нада мном је сасвим плаво небо.

„Да ли ти добро, муре?", упитао ме је незнанац не окрећући се.

Млазеви пенастих водоскока су ме пријатно обасипали прахом водених капљица, тако да сам опет осећала сву живост путености свог полунагог тела. Живот се вратио и окрепио ме облапорном бодрином.

„Да."

„Ха, ха. Они турски тели тебе мљац-мљац у онај плекани пећ а?" Иако овај хумор баш није био уприличен добром понашању, како би то рекли одрасли (а шта сам сада ја?), мени се у овој измењеној ситуацији на јурећем чамцу, под благим ветром што ми је косу ширио у крилату лепезу, сасвим допао.

„А ти им ниси дао, је ли?" одговорила сам, и сама изненађена сопственим стилом. Тако је некада говорила Данијела, али ја...?

„Све добро цврши, што добро", припросто одговори чамџија.

„А ти", упитах га, ко си ти?"

„Па, макро, хе, хе. И Грк."

Тада сам први пут чула за ту реч, а убрзо ћу дознати и њено значење.

Ускоро смо допловили до мале рибарске луке, где беху укотвљени углавном чамци на весла и ружне шкољкасте барке са широким једрима. Било је вече, и само неколико доконих рибара са лулама у зубима, седело је укрштених ногу на доку, уз који смо пристали. Ни на молу не беше никога, до два-три пса луталице, који су грицкали остатке крљушти од риба.

„Ти сад идеш једеш; спаваш и све. А сутра причам ти ја", рече Грк, и ја, као и некада, смерно и послушно климнух главом.

Одвео ме је до једне кућице, што се налазила на стени, над самим морем, дао ми кључеве, и одлазећи рекао: "Ово острво, нема бежати нигде. Ја ујутро доћи ту."

„Чекај!", повиках за њим.

„Све уредно", одговори он. „Има храна и пиће. И Купатило. Све."

* * *

Сада сам знала да ме је смешни Грк купио од Турака, али зашто? Оставио ме је у овој лепој кући, уредној и пристојно намештеној, саму. Било је одиста чудно да Грк покаже толико поверење према Ники, коју није познавао, и мимо оног упозорења да се налазе на острву, и да она нема куда да оде. Или је он знао нешто више, што га је осигурало у процени Никиног карактера и способности...

Рекао ми је да је макро, али не као своје име, пре као занимање, са оним шарлатанским: „Хе, хе," што подједнако упућује на значајност тог својства, али може бити и свакидашња уобичајеност, као: месар, баштован, рибар или било шта друго. Деловао је припросто и отворено, скоро фамилијарно, никако загонетно или непријатељски. Био је од оних људи којима није ризично обратити се (чак и за помоћ) било где, и у било које време. А то што му је понашање испало некако тајанствено, пре би се могло протумачити његовом природом, или недостатком интелигенције. Уколико он није исто тако мислио о мени...

Са таквим питањима и сумњама Ника је заспала, а већ сутрадан чекало ју је ново изненађење.

И то у виду старијег крупног човека који је носио морнарску мајицу, а лице му је било прекривено чекињастом брадом, што је његов изглед чинило опасним.

Лежала сам на тераси која се пружала према равној пешчаној плажи и сунчала се, када се он појави (очигледно је имао кључ) из ходника, где су се налазила улазна врата.

„Гле", рече и застаде, "она будала ми није тако рекла."

Устала сам, посматрајући придошлицу зачуђено, а он настави: "Ти си стварно интакта?"

„Шта?" упитах, а помислила сам да је човек мало попио. Грци то раде од јутра, чула сам још раније у циркусу.

„Вирга." Рече он, на шта ја подигох обрве, потпуно сметена.

„Да ли ти је онај макро помињао мене?"

Ја одречно одмахнух главом.

„Добро, скине се."

„Шта?"

„Скини се." У његовом гласу није било ни заповести, ни претње; он је једноставно то очекивао од мене, и ја коначно схватих.

Скинула сам се и нашла пред њим, као онда мајка у купатилу пред гутачем ватре.

Он ме је једно време посматрао, а затим рече: „Заиста си лепа као грех (говорио је течно српски), а оно, ако је тачно, невероватно је."

И пре него што сам успела да се измакнем, та људескара ме приви уз себе и поче да љуби по целом телу. Касније ни себи нисам веровала, али - тада ми је то било смешно. Старац је дахтао и гроктао, неспретно свлачећи са себе одећу, све док једног момента нисам осетила разарајући бол испод стомака. То је заиста мач, помислила сам јаучући, када он заколута очима, и ја осетих да ме нешто влажи по бутинама.

После свега, човек се још неспретније облачио, избегавајући да погледа у мом правцу, а онда нешто промрмља, пруживши ми већу хрпу новчаница, и просто побеже са терасе у кућу. Мало затим чула сам лупу спољних врата, и убрзани бат његових одлазећих корака.

Макро дође у подне, осмехнут, скоро због нечега срећан.

„Ти добра" рече. Ми прави посао."

Ћутала сам, јер нисам имала никакву потребу да са њим причам. Изгледа да то ни њему није сметало.

„Хоћеш ја?" упита.

Рекла сам му да ме још увек боли, и он потврди саосећајно. "Има времена, хе, хе" узврати, и опружи се поред мене на тераси.

„Кад опет може?" запита ме, и ја, пошто сам сада разумела да је то посао који се од мене очекује, одговорих да се надам већ сутрадан.

„Добра. Добра", понови он задовољно.

Када је полазио, рече да до сутра нико неће долазити, али у подне. "Мозе двојица?" упита, и ја потврдих.

Са двојицом је већ имало неког смисла, јер није ме болело (мада ништа нисам осећала), а њихово сударање и отимање око мог тела, давало је целој игри драж такмичења, као у циркусу код извођења тачке на партеру.

И они су ми оставили драхме, тако се звао њихов новац.

Макро никада није тражио свој део, па сам закључила да је он то посебно и унапред узимао од мојих посетилаца.

.

„Увече идем Тесалоники, ти и ја", рече ми макро једног јутра, доносећи пакет са одећом за мене. "Тамо видиш богат људи, а сада умети то."

Заборавила сам да кажем како је ону чудну игру, коју су они називали сексом, макро са мном изводио свакодневно, и да сам са њим успевала више да се опустим, све док једном нисам осетила пријатан трзај у бедрима и гласно заецала. Данијела ми је рекла (а када је то било, пре колико времена!) да је то неминовно, и да ћу тек тада постати жена.

Тесалоники беше приморски град-лука, и за разлику од Истанбула, место у коме бих волела да живим. Не само архитектонска отменост његових раскошних и широких булевара, што су се зрачно пружали дуж мора, већ и оно, а највише то, што бих ја назвала духом једног града - присна атмосфера и осећај да се налазиш код своје куће. У Тесалоникију ја сам помислила да ћу наћи свој дом.

И људи су били другачији; неко срдачно достојанство, спонтана присност и спокојна, ненаметљива топлина.

„Лепо ту? Би ли живети Тесалоники?" упитао ме је макро.

„Заиста прелепо". одговорила сам искрено одушевљена.

Али, баш у Тесалоникију растаћемо се ја и макро, на начин који није заслужио тај симпатични момак.

Неколико вечери дежурали смо (тако је он то звао) око тргова изнад пијаце, у трговачком, горњем делу града, да би у касне сате пошли ка обали, и кејом све до хотела „Македонија", где смо имали своју собу. Посао је кренуо како је макро само могао да пожели. Радила сам оно са морнарима, трговцима и ситним продавцима, неретко и са страним туристима, понекад на брзака стојећи (то је било јевтиније) у парку или у неком од пустих хаустора или узаних паркиралишта, а све чешће у хотелској соби (то је било скупље). Макро је био пажљив и дарежљив према мени. Куповао ми је разне поклоне, стално говорећи да чувам свој новац: „Требаце ти. Ти добра душа. Неце ово стално."

И заиста, када смо се једне ноћи враћали обалом једући сендвиче са сувлакијем, испред нас се испречише двојица намргођених типова. Иако је било тамно, само бледуњава светлост месечине, носили су црне наочаре и деловали, како сам се касније са страхом сећала, као нека кажњеничка патрола апокалипсе.

Један је дохватио мог макроа за оковратник и подигао га увис, да сам помислила да ће га тако и удавити. Други му је нешто рекао на грчком. Макро је кркљајући одговорио, па су опет наставили неколико минута неравноправни разговор, да би, изненада, онај што је држао макроа одскочио уназад вадећи револвер. "Не!" вриснула сам, на шта ме је макро зачуђено погледао, пре него што ће, погођен метком, колико сам видела, директно у лице, пасти на бетонску ивицу, одакле га она двојица ногама одгурнуше доле у море: Чуло се само кратко пљас, и макро је нестао заувек са овог света. Никада нећу сазнати како је он у том очајном часу схватио оно моје "Не!"[9] (а ја нисам говорила грчки, он је то знао). Да ли као моје издајство и безочну суровост курве?

Отада сам радила за организацију, и то искључиво у хотелу са богатом клијентелом. Нехајно време са макроом беше отишло нетрагом; сада сам имала да служим окрутним људима без трунке милости, много више и чешће, и за много мање пара. И што је најгоре, они нису скривали свој презир, и ниподаштавање, а звали су ме, то су знали да изговоре на српском: „Кучка."

Дани су пролазили монотоно тешко. Дошло је пролеће; булевари крај обале су замирисали, појавиле се по парковима неке нове птице, боја мора се изменила, постала светлија и чистија. Само је мој посао остајао исти. Мењали су се они који ме чувају, али не и њихова нарав и безосећајност.

Никада са мном нису разговарали (Са мном је, додуше, одувек било и непотребно много причати) нити су било којим поступком показали да ме сматрају људским бићем. Касније ћу захвалити Богу на томе, јер је управо таква отуђеност, моје потпуно

---

[9] На грчком „Не" значи „Да"

онечовечење, довело до супротног исхода. Ја сам се једном запитала: зашто је све тако, и може ли се изменити све то?

* * *

Из почетка сам опрезно, поучена њиховим подвалама, и користећи разне трикове да преварим свог чувара, излазила сама пре подне, када је и његова пажња (јер сам радила углавном по подне и ноћу) била најмања, да бих касније све више и чешће, храбрије и (да ли је то права реч за једну робињу?) осионије, напуштала хотелску тамницу и лутала раскошним кејом поред лунапарка, радећи оно за свој рачун, уколико би ми се то прохтело.

Удахнула сам нешто до тада непознато, чар посебности у материјалном свету који раније нисам признавала, схватајући да ћу успети, само ако будем лукавија од својих чувара. Слобода, дакле, дознала сам, и у бестијалној одређености постоји, али се за њу морам изборити.

Када су први пут приметили моје искрадање, уместо да се браним, оштро сам се супроставила свом пратиоцу. Већ сам била и научила нешто од грчког, па сам просиктала да се он вара, ако мисли да сам ја животиња, и да ја њему зарађујем богатство, а не он мени. Било ми је сасвим добро са првим макроом. А друго, постоји овде и полиција. Уцена? Мисли ли он да се ја бојим? Глупост, ако ме убију, само ће они изгубити, јер бољу проститутку од мене, бар за сада, немају.

Ови аргументи деловали су много снажније него што сам то могла и да замислим. Њихово се држање изменило, а утолико се разгранала и моја слобода, добијајући крила, која ће с временом наставити да расту.

И тако сам упознала Христоса.

Једног љубичастог мајског јутра на плажи. Зефир је са пучине доносио лахор који је мирисао на наш ђурђевак, а стопљени у белини, небо и сунце беху се подигли, тако да је хоризонт између њих и мора обећавао бескрајност.

Неко је склонио сунцобран испод кога сам лежала. Видела сам само сенку, док ми се са очију није уклонила игличаста скрама - а онда и Христоса. Рекао је кратко: „Здраво!" и осмехнуо се, а ја сам одмах осетила оштар убод у грудима. Коначно, и наједном, у чаробном трену усхићености коју је ваљда људима као сламку утехе подарио Бог, бех испуњена том муњом, ведрином која чини да се заборави све ружно, чак и смрт, и да се замисли лет изнад свих небеса и васиона, ја увидех и дознах да је то љубав.

Тог дана нисам била на послу и моји су робовласници ћутке прешли преко тога. Та њихова смирена уздржаност побудила је у мени сумњу, а затим страшну стрепњу. Шта ако они дознају за Христоса који би могао да им буде далеко већа сметња од једног макроа? Зато сам измислила нешто као разлог, а већ сутрадан сам изостала на састанак са Христосом, да бих увече нормално обавила свој посао.

То ће их умирити, мислила сам у очајању, али је црв опасности упозоравао да то неће моћи тако да се отеже у недоглед. Изгледа да је дошао тренутак када ћу морати да учиним нешто до тада незамисливо; да се апсолутно супротставим, и храбро изаберем самостални пут и борбу, или да прихватим чамотињу пада, и предам се, као стална жртва, својим џелатима.

* * *

ЗАТАМЊЕЊЕ

Христос је био сликар, рекао ми је, сликар и боем, али није тако изгледао, више је личио на сањара, или је Ника, као свака заљубљена балавица (не треба заборавити њене године), видела оно што се не види.

Имао је неки расклиматани спачек, који је тандркао и тресао се, док смо се возили, али у њему смо провели најлепше тренутке; водили љубав, склањали се од брзих летњих пљускова, јели сендвиче и причали. Наше су приче облетале око целог земљиног шара и васионе (а зна се о чему причају двоје за које не постоји нико други. Љубав. Ника је поново била у свом дечјем сну, али сада удвоје.)

Крај спачека сам позирала Христосу, мада је он говорио да никада неће успети да наслика нешто тако лепо, као што сам ја. И није. Смејали смо се мом искриљеом лику, совиним очима, Модиљанијевом жирафа-врату (његов израз) или обрвама које су биле вертикално помакнуте и искошене, као два спрата на разрушеној кући.

Христос је био модерниста, и објаснио ми је да он види људе и предмете око себе као Грк Зорба када се налије узија.

„То су идеје. Оно што мислим, о ономе што видим."

„Али, зашто је геометрија тако померена и ликови небулозно искривљени?"

„Јер ни свет није онакав, каквим бисмо га ми хтели. Схвати то као протест, као бунт против онога што јесте." .

Иако сам га разумела, упитала сам: „Зашто?"

„Сваки уметник потајно мисли да је Бог, коме је ускраћено право да креира сопствену стварност. И мада зна да је немогуће, као Сизиф, непрестано покушава..."

Занесено се осмехивао док ми је објашњавао идеје сликарства, и ја сам му веровала, јер био је паметан, јер сам га волела.

Дивне сам часове провела са Христосом у Тесалоникију, али само у преподневима, никад по подне или ноћу, и он ме ни једном није упитао због чега је то тако.

Када сам донела одлуку да напустим тај град мојих посртања и ове краткотрајне среће, упитала сам га (неки перверзни мазохист у Ники, или покушај самокажњавања) како то да ме није питао, а не зна ни ко сам ја, где живим, шта радим?

Није се двоумио ни часка, када је одговорио: „Буде ли дошло то време, ти ћеш ми сама испричати."

А да ли бих могла, и да ли би он схватио? Била је то немогућност условљена судбином, и утолико је болнији имао да буде мој одлазак. За тако кратко време Ника је морала да остави своја два сна; онај о детињству и овај о љубави. Живот је тежак, али - зашто је његова лепота тако краткотрајна и несрећна?

Међутим, једног јулског јутра (и екстеријер беше уприличен: облачно небо, хладњикави југо, бура на мору) Христос се није појавио. Није дошао ни следећег дана.

Да ли је дознао? А преостало је још врло мало времена, неколико дана само до мог одласка, како би бар остала лепа успомена...

Трећег дана сам бесцињно тумарала око места, где смо Христос и ја провели толико драгих тренутака, када ме заустави нека девојка (већ сам и заборавила када сам задњи пут проговорила са женским створом).

„Ти си Ника?" упита ме.

„Да", одговорих затечена, јер нико није могао (једино Христос) да зна за моје име, овде у Тесалоникију.

„Он је ухапшен", рече девојка, некако суво и одсечно, тако да ја тек тада нисам ништа схватила.

„Ухапшен?"

„У Турској", настави девојка равним гласом, а то значи да се неће скоро вратити, ако се уопште врати."

„Ти си...", почела сам.

„Он ти није причао?"

Нека друга, помислила сам, нека друга, која је дошла да ме...

„Шта ми то он није причао?"

„Чиме се бави."

Никако нисам могла да назрем шта ова жена смера.

„Био је сликар рекла сам. „Сликао је..."

„Можда, уколико је то занимање. Али, он је био дилер. Дилер дроге!" Сада је то нагласила, скоро вриском.

Погледала сам је са мржњом, за коју нисам знала да постоји у мени. „Лажеш", викнула сам. „Проклето лажеш!"

„Ја сам његова сестра", рече она и заплака.

Загрљене, у сузама, ћутећи, загледане у море, које је равнодушно запљускивало обалу, биле смо тада, ту на жалу, два најсићушнија створења на целом свету.

Девојка ми на растанку рече: "Причао ми је о теби... Ово је задњи пут што идем, а после ћемо Ника и ја..."

Страх ме је. Горе су дубине, а доле - лебдим. Та сенка на којој сам, може се измакнути сваког трена, или нестати. Страх ме је. Ни од чега, једноставно лудим, а границе прозирности се шире. Ускоро неће бити ничега. Неко је рекао да пакао, као и патња, нема дна. Али зашто све те речи када оне не лече? Да ли сам сада ја на ивици иза које је ништа? Како прескочити ту ивицу? Страх ме је. Гледам у празно срце таме, а унутра је мрак још црњи. Дрхтим. Ваљда се тело тако брани од сопственог духа. Ја од себе. Када бих могла да мислим, било шта, када бих могла...

И био је то задњи пут, али и последње упозорење Ники да што пре каже збогом Тесалоникију и Грчкој.

* * *

ПОВРАТАК

Први пут сам сама у свету који ми је доскора био стран. Као духови пометње нестале су све оне особе које су управљале мојим животом. И родитељи, дресер, принц, макро, и Христос, он највише, били су сени што лепршају мојим сећањем толико јасно, да сам их понекад виђала у телесним обличјима, и чула њихове гласове.

Шта се догодило са мојом прошлошћу у току само једне године? Да ли ћу се пробудити у свом кревету, у оној соби крај аеродрома, у коју је онако незграпно упао онај необуздани ватрогасац? Хоћу ли опет чути нервозни глас мајке или видети оца са новинама у крилу, како незаинтересовано гледа кроз мене, као да сам прозрачна?

Ја се враћам управо тамо, јер не знам куда бих. Степенице на мом путу напорно се пењу увис, иако ја знам да силазим ка дну. И знам да сам сама, али не на начин који сам некада волела. Сада је то страх и стрепња, неки недостатак у мени, који ме чини незаштићеном, и сваки идући трен испуњава неизвесном опасношћу. Преплашена сам и више него што могу да издржим, јер Ника је само прерано одрасло дете, чије је искуство ружно, а душа чиста као кристал. Да ли ће се разбити пред налетом нове несреће, или ће неко звоно јасно зазвонити чаролијом хепиенда?

Неко необјашњиво биће се игра са мном, скоро да осећам његово присуство. Оно није ни добро ни зло, само је радознало, и не зна колико је мени тешко да живим под условима које ми оно намеће. Да ли је то биће Бог? А ако није, зашто га бог не спречи, и не ослободи ме?

Стопирала сам до границе, где ме је примио један брачни пар, и долином Вардара довезао до Скопља. Тамо сам, после дужег чекања узела воз, и ево ме како, посматајући брзо прелетање брежуља и ливада, а без посебног осећања, ако то није узнемиреност, све ближе пристајем свом ушћу.

* * *

У Земуну нисам никог познавала, а тамо, где смо некада живели, у међувремену су се настанили неки други људи. И град је постао другачији; бледеће и учмало сивило места у коме сам била само физички, непозната лица, ниједна успомена. Заувек су нестали из мог живота, сада сам то јасно сагледала, отац и мајка, Циганин Петер и Данијела, као што су и сећања на њих већ била погашена.

Кренула сам у потрагу за станом, а да се нисам упитала зашто баш овде тражим; вероватно из истог разлога, због ког сам и дошла, спонтано и по инерцији. И да ме је неко питао; зашто дишем постојим, или... такође не бих умела да му одговорим. Усамљеност је зато и бездушна, јер нам на очи пада скрама, која спречава да видимо или доживимо друге као део нас самих.

Како сам имала довољно уштеђевине да останем ту, где сам се затекла, нашла сам собу на периферији, у близини речног пристаништа, код једне полуслепе старице. Она је имала црног пса који ме је од првог дана непрестано и неповерљиво њушио, гледајући ме својим сјајним, радозналим очима. Али, с временом се привикао, и чак одлазио са мном у куповину, застајкујући пред вратима на брижан псећи начин, као да се плашио да ће се нешто десити његовој господарици, док се он не врати.

Тако смо нас троје живели у миру и монотонији пријатне издвојености, све до јесени, до једне новембарске сипљиве вечери...

Уобичајено сам се шетала молом, под суморним кишним облацима, покрај мутне, маглом затамњене реке, што сам чинила увек када би ми досадио боравак у затвореној соби, и ослушкивање сопственог била, док гледам у плафон и сама заустављена горе, у белом без остатка, безначеђа, празна и без ијепне идеје да бар засањам неку жељу. А и волела сам да се поистоветим са (мада безуспешно) час гребенастим час облим, клобучавим таласима реке, љубоморна на њихову вечитост и силину са којом су, упркос бесмислености сталног отицања, пркосили пролазности, управо својом трајношћу и непрекидношћу. Једино сам ту могла да повратим ранији спокој, мада не увек, и не за дуго.

Овог пута ђаво ме је навукао да уђем у малену кафаницу крај саме обале. Никога није било унутра, изузев келнера и неког пунијег човека који је са њим живо разговарао. Мислила сам да је то газда, и да му даје нека упутства, па сам се сместила у углу, чекајући да они заврше разговор.

Тада унутра уђе повисок црнпурасти младић, и пре него што сам га помније осмотрила, извуче нешто из капута, и ја видех црвени млаз како јури и обара оног човека, док конобар скаче под сто. Затим одекну пуцањ, и још једном. Младић је већ био над лежећим човеком, а онда се окрете и загледа у мене.

„Видела си?", упита ме чудно смирен, скоро тихо.

„Шта?" рекох збуњено, када он понови питање повишенијим гласом.

„Не, не!" узвратих дрхтећи, јер толико сам умела да схватим.

Он направи ружну гримасу, нешто као кежење и смех, и изађе одакле је и дошао.

„Кидај!", хукну келнер извлачећи се испод стола. "И помоли се Богу и ђаволу!"

Истрчала сам на кеј са болним сећањем на макроа, и оног пакленог "пљас" када је његово тело склизнуло ка дну. Како да заборавим лик револвераша од малочас, а има ли и сврхе, када он сигурно неће заборавити мене?

У новинама сам сутрадан прочитала. келнерову изјаву да убијеног није познавао, и да је у време убиства био у тоалету. Мене није ни поменуо. О убијеном је писало да је то локални гнгстер, који је пре неколико недеља такође учествовао у некој пуцњави.

Међутим, већ следеће ноћи убица ме је посетио. Отворио је врата као да улази у своју кућу, код сопствене жене, са исто онаквим необузданим правом моћних других, које сам и раније доживљавала. Историја је, дакле, направила круг, и све је имало да почне изпочетка.

А ујутру, пре него што ће да оде, окрете се гледајучи ме подсмешљиво, и рече: "Ово ја зовем љубав. Штета је што кратко траје, али ти јој захвали, јер зато си жива." Био је у праву, љубав је моћ коју користи онај ко је има, као и силу, док смо ми остали они који трпе и очекују милост. Потврдила сам ћутке, и он се сложи са мном да је врло паметно бити нем и слеп. И жртва, помислила сам, са некаквим изненадним осећањем врелине у грудима, које до тада нисам познавала.

Он је луд, било је то очигледно, али само лудима изгледа да Бог и даје снагу. Није ли цео свет луд; и они што убијају, и они које убијају? Сетила сам се принчевих речи о крхкости човековој; један метак или кратак засек ножа испод грла... Сетила сам се и неке књиге коју сам давно прочитала, и у којој је писало о добру и способности безначајног човека да мења свет. Милосрђе нисам упознала, али сам ово друго свакодневно гледала; куће, путеве, мостове, авионе и сва чудеса небројених ствари које је изградила човекова рука, моћна да све то створи, али и да убије, а немоћна и краткотрајна пред злом, као што је беспомоћан и краткоживећи вилин коњиц.

Да ли је Ника тада назрела право значење вере, јер шта би друго (нада је краткотрајна) одржавало човека у животу? Или су у њој истовремено зачети сумња и бесмисао, јер зашто и у име чега све то?

Отужно устајање ујутру, тежина утрнулих удова, распршене мамурне мисли и стрепња у души. Или сачекивање ноћи и немиран сан, без других помисли, до да ће тако бити све до краја, који је, било када да дође, известан.

Једног поподнева револвераш је дошао трезан, тако да сам одмах посумњала да нешто смера.

„Да попричамо", рекао је значајно, што ме је уверило да је нешто наумио, и да се то неће свршити добро по мене. "Ја ништа не знам о теби. Ко си ти уопште? Зашто живиш сама? Од чега се издржаваш? Шта радиш?

Требало је да претпоставим, што би свако благовремено већ учинио, али зар није већ постало јасно, Ника није била практична особа.

„Зашто те то интересује?", запитала сам спонтано, када он устаде и дохвати ме грубо за рамена.

„Ја питам, не ти! Разумеш ли? И све нешто мислим да бежиш од нечег. Хоћеш ли да одговориш или да те натерам?" Он се крезаво осмехну, од чега ме прође стара језа.

„Не", реко брзо и понизно, „једноставно сам овде. Не знам шта хоћеш да знаш?"

"Одакле си дошла?"

"Из ...Грчке... Из Тесалоникија." Нисам смела ни да помислим да га слажем, јер сам видела у његовим очима познати лудачки сјај.

„Тако" рече нешто утишано. "А тамо, шта се тамо догодило? Крађа, убиство, затвор, протеривање, или те прогони муж манијак, а?"

Шта сам могла да му одговорим и некако да га смирим, јер он је био последњи човек коме бих се поверила.

„Не", рекох, „моје су родитеље ухапсили као наркомане, препродавце, и..."

„И?" поново је повисио глас.

„Морала сам да бежим, иако о томе нисам знала ништа."

„Што се мене тиче, боље је да си знала. Али, ништа, има времена, крв није вода. Па, добро, прича звучи убедљиво али видећу..." И он нагло прекиде испитивање.

Пошто је мало одремао, он, подижући се тромо са кревета, погледа у мом правцу, као да ме опет проверава, и рече: „Одлучио сам да те вечерас изведем. А, није то лоша идеја. Ти имаш шлифа, и, то не спорим, добра си риба, па може нешто додатно да испадне. Шта мислиш?"

Лукаве очи му опет засјаше.

„Где?" упитах, свесна, када изговорих ту реч, да сам погрешила.

„Кушуј!" узврати оштро. „Где ја будем одлучио."

Али, као да се наједном предомисли, рече: „У циркус. Нека јебена група гостује у Панчеву."

Осетила сам наглу вртоглавицу; зар после свега опет циркус? Можда и моји родитељи или луцкаста Данијела, отужна сећања на све раније догађаје, и сусрети, пропитивања...

И не размишљајући о последици, рекох нервозно и одлучно: "Не!"

„Шта?" Био је уверен да ми пружа божанствену милост, па се његова јарост због таквог исхода претвори у бес. „Нећеш да изађеш са мном?"

„Није то", почела сам плачно, „већ..." али ме он из окрета удари по глави, тако да ја одлетох на под.

„Тачно у шест да будеш спремна, дрољо!", зарежа, и пре него што сам се подигла, он изађе.

Када су се за њим затворила врата, и када је утихнуо бат његовог незграпног хода, ја заплаках, не од бола (навикла сам се на све патње и понижења) већ због немоћи, јер сам постала невредна ствар којом располажу други по нахођењу. Нслутила сам смрт ранијих снова и новостечене реалности. Смрт свега. Ипак, те вечери револвераш не дође.

А ја, морам ли опет да чекам његов долазак, хир изненадног испада или милости, зависна као животиња пред немилосрдним господаром? Да ли сам ја човек? То питање Ника је себи поставила у блеску тренутног отрежњења, али је недоумица остала. Супротставити се или наставити са вегетирањем као биљка која зависи од туђе милости и заборавности; да ли ће бити заливена, окренута према сунцу или ишчупана и бачена, ако пронађу другу, која је лепша, миришљавија.

„Ника", први пут сам погледала своје безизражајно лице у огледалу, шта си ти (и онда први талас туге у очима) и докле све ово?"

И поново прастара инерција са којом сам изгледа рођена, отпор да подигнем маглени покривач и суочим се са светлошћу дана, сигурност и беспомоћност у купки кревета, у соби са спуштеним завесама, страх од суочења са околним светом других, који је опасност шта вреба на сваком кораку. Унезверени поглед и лагано пулсирање таме...

Али, наједном Христос. Његове бистре плаве очи. Хитрина којом је упијао живот дајући ми га. Неугасли осмех и неприкосновеност нашег острва у мору испуњеном ајкулама. За један дан те прошлости дала бих све будуће дане. Христос! Зашто тај једини пређашњи трен среће, сећање што спаја сва времена, бацам под ноге овом грубијану?

„Ника!" поновила сам. Пробуди се у име оних ведрих преподнева у Тесалоникију, због којих је било вредно родити се и умрети! Учини то сада, одмах, и буди слободна!"

Та позна сутон протекла је у Никиној унутрашњој борби. Страшљива понизност, навикнутост на унижења, и захвалност природи да тако и таква ипак постоји и траје у овом страшном свету бескрупулозних и моћних, стала је да се сенчи новом сумњом, до тада незамисливом. То није био само онај храбри, али преслаб глас, већ буђење отпора и поноса из сваке поре њеног бића, неки импулс усађен у самом гену живота.

„То ти не чине", други, рекао је поново онај унутарњи глас, „то ти радиш сама. А сада знаш, зато устани, Ника!"

А ја, треба да захвалим Богу и ђаволу, рекао је онај келнер, што сам лепа, и што ме је убица пожелео. Из ватре у грудима, коју сам малочас осетила, плануо је стари глас који ме је спасао тамнице на турској граници: „Зашто се стално повлачиш? Зашто се не бориш?"

И Ника ће први пут сама себи да постави једно значајно питање: када ћеш и ти да предузмеш нешто? Због чега ти уопште постојиш?

Следеће ноћи револвераш је дошао (Ника никада неће сазнати како се он звао) и претукао ме, безразложно, из чиста мира, ако није довољан разлог био тај што је рекао; да не помислим да се он заљубио у мене.

„Наше подавање је храна ономе коме се подајемо, и уколико је веће, и апетит ждераче расте", поново сам чула упорни глас.

Када је треће ноћи, пијан, клатећи се и са тврдокорним изразом, који сам већ упознала, кренуо стежући песнице ка мени, узвикнула сам: „Не покушавај поново!"

На његову жалост, он то није схватио као упозорење. „Гле, гле...", искезио се, "то значи да морам мало оштрије, а?" И замахнуо је ка мени, махинално, можда нешто јаче, већ свикао на сценарио: неколико модрица, сада наравно жешћих, бацање о зид, шутирање по поду, затим поваљивање у кревету и онда, док бих се ја тресла као у грозници, његово убрзано дисање, и бунцајуће псовке и клетве у сну.

Ја сам се међутим, повукла ка зиду, брже него што је он очекивао. „Кучко!" раздрао се, промашивши ме. То га је разјарило, јер ће морати да употреби додатни напор, који није био предвидео. „Јебена курво!" вриснуо је и налетео...

На кухињски нож за који никада нећу сазнати како, ни када ми се нашао у рукама. Само један замах, рекао је принц, и заиста, мом мучитељу неочекивано лако би пресечена аорта. Он у неверици захропта, и отрже ноге са тла, као да га је нека тајанствена сила подигла, или као да је наједном постао дух. Иза њега остаде самопловећа локва крви.

* * *

БУЂЕЊЕ

Просјак ми је својевремено говорио о светим принципима, али није поменуо Савест Света. Да ли је он то намерно прећутао, зато што је знао да такво откровење свако мора сам да искуси у дугој катарзи доживљавања?

Из моје подсвести, тамо, где је било дно, мислила сам, свих мрачних сећања које сам морала заборавити, како не бих полудела, допирали су јауци убијеног, страшнији од давних ноћних мора које сам имала као дете у својој собици, ослушкујући тајанствене претње, и слутећи опасност од непознатих чудовишта.

Моје биће (то је ваљда оно, што ја јесам) било је тешко рањено и на самрти. Само танка нит светлости вапила је грозничаво за помоћ, како би ме одржала, али била је преслаба да ми врати мир и наду у смисао.

Узалудно је онај успокојавајући глас у мени (да ли је то анђео чувар?) говорио да је човек моћан онолико колико слабима признаје моћ, и добар у истој мери, у којој из себе другима пружа добро, а да силници и сурови покварењаци на овом свету, и нигде и никада, не заслужују никакву милост, то ме није утешило.

„Ја сам убила. Понављала сам слабашно. Ја нисам ништа боља од њих и од своје жртве. На неки начин, ја сам и гора, јер, ево живим, а он је заувек отишао."

„Већ си увидела да лоши, као што је то сваки револвераш или продавац белим робљем, или разбојник који хладно убија због интереса, нису у правом смислу људи. И да нема другог питања до или они, или ми? Како зауставити недела таквих добром, ако га они не признају, ако не знају шта је то? Како ћеш зауставити бесну животињу, ко је милошћу одобровољио вукодлака, ко се спасао ватре, ако је није силом угасио?" покушавао је упорно глас.

Иако су разлози били логични, поглед на те до малочас живе очи, сада језиво беле и укочене, што су гробном стравичношћу испуњавале собу, био је неподношљив. Вртела сам бесомучно крвав нож у руци, тражећи место на свом телу у које ћу га зарити.

Тада су се врата собе лагано отворила.

* * *

Старица код које сам становала имала је треће око, које природа даје само слепим људима. Да ли је то само вештина како би се преживело, вештина коју имају октоподи и камелеони прерушавајући се да би опстали у суровом свету, или је то особина коју изузетно некима даје Бог, како би тај постао светионик осталима на предугом путу про-чишћења?

У једном тренутку времена отворила се Хераклова раскрсница, када се у наше име тај полубог определио, наслутивши тако Ахилесову и Патроклову злу овоземаљску судбину. Другачији пут са поновљене рас-крснице изабрао је Одисеј, и вратио се у вољену Итаку верној Пенелопи. Није ли сада ово била Никина раскрсница, у којој она, после толиких искустава у одређеном и чул-ном свету, добија прилику да преиспита своја ранија веровања?

А опет је ту био онај глас: „Ми регули-шемо свет, Пика; ти, ја, он. Ништа нс постоји изван нас, и уколико нас касније буду погодиле Содоме и Гоморе зла, сами смо криви, јер то зло смо ми посејали. Схвати да о томе не одлучују ни Бог, ни природа, и да је револверашева смрт била нужна поред осталог, и ради твог отрежњења. Иначе, њега би већ убио неко други, али то онда не би имало смисла."

Старица уђу у собу.

И са врата одмах ми рече: „Не, мала моја, не. Ти си свој дуг платила унапред, као све врле особе овога света. И зато ти је и дато да будеш извршилац, како би се окончао архајски ланац зла."

Својим белим штапом она упре у леш пред нама.

Њега је могао, и требало је, да убије неко, као и он што је, убица, манијак, или било која слична звер. Али, то више не би било то, јер би се догађање таквих ужасних ствари наставило у недоглед."

„Али", упитах је скрушено, „колико је таквих на свету? Шта је овај мој један поступак, како ће он утицати на огромно мноштво других? И да ти поверујем како је моја мисија оправдана, она је само кап у мору општег, али за мене је то море патње, у коме је безначајна моја кап оправдања."

„Погледај то са друге стране. Управо извор настаје од једне капи, а касније се ствара река, и тек на крају море. После тебе устаће много невиних да би извршили оно што од њих тражи сврха усађена у природи њиховој. Безброј праведних ће почети да убијају свако свог револвераша. Недужне смрти и патње морају се искоренити праведним убиствима и патњама."

„А он?" упитала сам показујући на укочено тело испред менем, "а ја?"

„Он је учинио избор, а и теби је избор дат. Ти си једна од првих пророчица, и Еску-лап, и буди срећна због тога."

* * *

Дошла сам да се поздравим са старицом и са њеним псом. Иако сам схватила да постоји Савест Света, моје су снаге биле премалене и плећа преслаба да на себи носим небо одговорности. Коначно, ја сам само убица, и харпије ће ме прогањати као Ореста, све док живим. Има ли смисла онда остати овде и подсећати се, има ли уопште смисла живети с тим?

Међутим, старица заврте главом.

„Куда?" упита ме. "Ја не видим ниједан правац којим би ти пошла. Ти си овде, и остаћеш ту!"

„Како не видиш, а ево, ја полазим. Ја одлазим!"

Она благо пређе дланом преко мог лица.

„Седи, кћери. Дошло је време да схватиш. Живот је довољно дуг за оне који прихвате субјективност времена. Чему та журба?"

Села сам на ивицу кревета да удовољим тој доброј жени, јер нико неће моћи да измени моју одлуку. Старица јесте зрачила извесна зрачења која сам наслућивала (нека танана телепатска веза), али је моје разочарење било јаче. Пас је сетно цвилео крај њених ногу. Из његових очију као да је васкрсавао старичин угасли вид и посматрао ме.

„Ти си, кћери, много пропатила", рече ми, „ти си једно несрећно дете. Али, иако су свакоме његове муке највеће, постоји праведан свршетак. Срећа се ипак осмехне напаћенима, нису ли то Божје речи?"

„Мајко, одговорих, Бог можда посматра човечанство, али мене не види. Шта сам ја друго до она кап, о којој си говорила, али кап већ у бескрајном мору, не на почетку!"

Њене речи као да су долазиле са свих страна одједном, безгласне, као да их није изговарала, већ само мислила, а обузеле су ме, отопиле, потресле, оплемениле:

„Бог си ти. Бог је човек који верује. Не тражи љубав и утеху у другом срцу - она је у теби!"

За тренутак сам се поколебала. Било је нечег светачког у тој доброј жени. Али онда сам угледала револверашево тело, и сетила се опседнутости и оне непојмњиве снаге са којом сам га спаковала у кофер. И сатанске смирености коју сам показала, лажно приказујући таксисти да су то моје студентске књиге и зато толико тешке, док смо га убацивали у гепек и одвезли на обалу пристаништа. Како да се отресем помисли о морбидном чамцу што аветно плута низводно ка својој гробници, у коју ће га убацити преплашени рибари у чије се мреже буде насукао.

„Није ли он то заслужио?" упита старица. „Тој поплави коју је послао ђаво, неко је морао да буде брана. Неко - ти, као што је свети Ђорђе убио аждају!"

Ћутале смо извесно време, док ме је пас и даље молећиво посматрао скичећи, као да је и он хтео нешто да ми каже.

„Не извршава само ђаво ружне налоге, кћери", настави старица, сада већ одсутно, као да се одала медитацији, "некада то чине и недужни..."

„А ко издаје налоге?"

На ово питање старица не одговори, већ само рече: „Иди сада. Али - вратићеш се."

* * *

СПАСЕЊЕ

У зимском сутону видео се само угао хоризонта над реком, градећи заједно са њом полулук ка истоку, мркосив и затворен спуштеном куполом неба. Сипљиво-влажан смог, што је долазио из града и гробна пустош над обалом, привукла је Нику као магнет. Иста тмурна панорама беше и унутар ње саме. Када је намислила да ту сконча, то није била настрана жеља самоубице, тужно-сетно замишљање Офелије, прекривене разнобојним цветовима барског локвања, прелепог лица као да спава. Био је то самомучећи наум да постане плен речних немани, тела надувеног прљавом водом и са устима пуним каљавог муља.

Ника је у том тренутку мрзела и презирала себе, цео свет, и Бога, ако га има.

А било је тако мало потребно, само корак између живота и смрти. Извесна бесмртност себе и ништавило у себи, као игра случаја. Ту стојим сама, сасвим близу пакла или спасења, а иза мојих леђа такође ври облапоран живот и патња, срећа и несрећа, измешани као у чаробној, а бесмисленој вртешци. Обузима ме све јача туга наилазећег краја, јер иза овог растанка неће остати ништа више. И сама ћу постати само део таласа, што бесмислено симболишу пролазност...

Можда је то праинстинкт који фетус враћа у купку зачетка; вратити се у прасуштину да би сопственом смрћу искупила неко ново и узалудно зачеће.

Тек Ника је као хипнотисана стајала на трошном земљаном гребену, неких десетак метара изнад речне матице. То је само трен, мислила је, захвална удесу, што није знала да плива. Повећи гутљај те отужно тамне течности, губитак свести и - ништа више.

Изненада опази силуету неког детета које је прилазило са стране, као дух који плива у све гушћој магли. Куда се оно запутило у овом недобном часу, уколико то није привиђење њеног изможденог ума?

Међутим, малишан је жустро и брзо прилазио Ники, и када стиже до ње, неочекивано и оштро је упита; шта ради ту на тој опасној урвини, коју су задње кише растресле, да је дивно чудо како се већ није стрмоглавила у речни амбис?

Затечена, коракнух уназад, и једино што успех било је да ја њега упитам шта он овде тражи.

„Побегао сам од куће и дошао овамо да будем сам" одговори он отресито и простодушно, као да се одвајкада знамо.

„А ти?" упита ме.

Није имало смисла да свом последњем сведоку не кажем истину. Некоме морам да испричам, било би и сувише глупо препустити све то неразумним валовима реке. И дечаку кога сам први пут видела, и који је тако пажљиво слушао, ја приповедих целу своју малу историју.

На моје чуђење, он рече: „И ја сам једном. Проклетог ниткова сам убио праћком. Нажалост, промашио сам и он је остао жив. Али у души, онако како сам тада помислио, ја сам га убио. А ето, овај твој је мртав, иако ти ниси убица. Човек убија срцем, а не руком!"

Нешто подаље иза нас, из града, допирала је врева, звиждуци и петарде.

„То опозиција, а ево сада и сви, демонстрирају против власти. Кажу да ће доћи до грађанског рата, јер људи се поново међусобно мрзе", рече стармали дечак, који је за своје године много знао.

„Волео бих да што пре одрастем и да учиним нешто", додаде.

„Верујеш да ћеш када одрастеш моћи да нешто измениш?"

„Наравно. Циљ одрастања и јесте у томе. Можда да помогнем другој деци да наставе мој сан, који ће тада већ усахнути."

Ники задрхташе уста и очи се оросише сузама. Како сам могла да не помислим да је баш смисао у томе - да помогнеш другима, како би омогућила потпуно оваплоћење сна. Зашто је тако егоистично и глупо била у заблуди да је сан искључиво њен и да друга деца немају своје снове?

Овај дечак је хтео да одрасте, слично цвету који зна своју функцију сазревања, како би иза себе оставио семе за нове цветове, и тако омогућио живот врсти - цветање свих будућих цветова. Не само живети свој сан, већ му се и жртвовати, као Феникс, бити клица ускрснућа свом пепелу. Само тако ћемо остварити љубав, ако јој подаримо себе без остатка, без сумње, Бити сва у другоме, значи бити потпуно своја! Сећање, јер и то је сада; прошлост и будућност се не поништавају у садашњости, већ је јединствено живе, и само се тако досеже садасве.

Христос!

Можда је морала да остане тамо, упркос свему, и да га чека, или да оде у Турску, у сусрет неизвесности која једино оправдава наду. Међутим, она је свог Амора оставила несрећној судбини без заштите, да чами у трулежи равнодушног света, иако је он био онај који је унео први зрак светла у њену таму.

„Свако мора да испашта свој грех, рекла је старица, и то ће га оплеменити."

Ја сам то избегла, иако сам могла да будем са њим у истом сну. Живети није лако, али је сан о животу леп и заслужује свако жртвовање. Али, сада је касно, јер ако нису, они ће Христоса сигурно убити, и ја ту ништа не могу да променим.

А вера, рекла је старица, ни једно време није предуго ономе који свим бићем, сваком мишљу верује, очекује и нада се, јер његово је свевреме.

„Сутра је Савин-дан", рече дечак гледајући преко реке у светла ка Београду. „Патријарх Павле предводиће Литије од Саборне Цркве до Светог Храма на Врачару."

„Хоћемо ли и ми?" упитала сам, и он радосно потврди.

Узела сам га за шаку, била је мека и топла, чврсто је стежући из страха да је не испустим, тако да он благо јекну.

„Волим те", рекох, "ти си мој брат".

И пођосмо загрљени натраг ка граду.

* * *

Био је то пут из пустиње ка мору, и преко мора ка обећаном Мисиру. Повратак изгнаних из раја, преко каменитих и бестијалних препрека, ка наданој срећи сопственог мира. Бескрајну колону, што се сливала са свих страна, из кућа, паркова, тргова, сребрноблиставих кракова звездастих улица, предводиле су владике, на челу са Светим

Патријархом Павлом. Њихова лица била су румена као зреле јабуке, као звезда Даница у праскозорје, а очи обасјане блештавим зрачењем младог зимског сунца, свечано управљене изнад видљивог непреглеђа, сасвим горе ка небу. Пратила их је тиха упокојавајућа песма: "Појте му Срби песму и утројте!" а лица људи беху блага и занесена.

Пут литије разгранао се у рајско поље вере, а у љубичастој измаглици јутра, Храм светог Саве назирао се као симбол свеопште љубави и најаве Божјег праштања.

* * *

ЦИРКУС

САДРЖАЈ

CIP - Каталогизација у публикацији
Народна библиотека Србије, Београд

886. 1 - 3

МОСКОВЉЕВИЋ, Градимир Ј.
    ЦИРКУС / Градимир Ј. Московљевић. -
Београд : Просвета, 1999 (Крушевац : Графика
Симић). - 125 стр. ; 20 cm. - Савремена
проза '99)

Тираж 500.
ISBN 86-07-01177-4

ИД=78822924

Градимир Ј. Московљевић
ЦИРКУС

Уредник
Чедомир Мирковић

Рецензенти
Чедомир Мирковић
Милош Петровић

Ликовни уредник
Ратомир Димитријевић

Графички уредник
Миољуб Поповић

Насловна страна
Василиј Кандински: Смутња

Лектор
Дивна Кланчник

Коректор
Мирјана Милосављевић

Компјутерска припрема слога
Слоба Милеуснић, АХИС студио Београд

Издавач
ИП ПРОСВЕТА д. д.
Београд, Чика Љубина 1

За издавача
Чедомир Мирковић, директор

Штампа
ГРАФИКА СИМИЋ, Крушевац

Тираж
500 примерака

1999.

ISBN 86-07-01177-4

www.ingramcontent.com/pod-product-compliance
Lightning Source LLC
LaVergne TN
LVHW051133080426
835510LV00018B/2384